MANUEL
DE
CENTRALISATION

MÉTHODE PRATIQUE
POUR AIDER DANS L'ÉTABLISSEMENT OU LA VÉRIFICATION
DE LA
CENTRALISATION DES RECETTES ET DÉPENSES
DES CORPS DE TROUPE
ET DES ÉTABLISSEMENTS S'ADMINISTRANT A L'INSTAR DES CORPS

PAR
E.-P. ROUSSEL
OFFICIER D'ADMINISTRATION DE 1re CLASSE DES BUREAUX DE L'INTENDANCE MILITAIRE

MONTPELLIER
IMPRIMERIE MILITAIRE DE RICATEAU, HAMELIN ET Cie
(IMPRIMERIE CENTRALE DU MIDI)

MDCCCLXXV

MANUEL

DE

CENTRALISATION

MÉTHODE PRATIQUE

POUR AIDER DANS L'ÉTABLISSEMENT OU LA VÉRIFICATION

DE LA

CENTRALISATION DES RECETTES ET DÉPENSES

DES CORPS DE TROUPE

ET DES ÉTABLISSEMENTS S'ADMINISTRANT À L'INSTAR DES CORPS

PAR

E.-P. ROUSSEL

OFFICIER D'ADMINISTRATION DE 1re CLASSE DES BUREAUX DE L'INTENDANCE MILITAIRE

MONTPELLIER

IMPRIMERIE MILITAIRE DE RICATEAU, HAMELIN ET Cie

(IMPRIMERIE CENTRALE DU MIDI)

MDCCCLXXX

MANUEL

DE

CENTRALISATION

MANUEL

DE

CENTRALISATION

MÉTHODE PRATIQUE

POUR AIDER DANS L'ÉTABLISSEMENT OU LA VÉRIFICATION

DE LA

CENTRALISATION DES RECETTES ET DÉPENSES

DES CORPS DE TROUPE

ET DES ÉTABLISSEMENTS S'ADMINISTRANT A L'INSTAR DES CORPS

PAR

E.-P. ROUSSEL

OFFICIER D'ADMINISTRATION DE 1re CLASSE DES BUREAUX DE L'INTENDANCE MILITAIRE

MONTPELLIER

IMPRIMERIE MILITAIRE DE RICATEAU, HAMELIN ET Cie

(IMPRIMERIE CENTRALE DU MIDI)

M DCCC LXXV

PRÉFACE

La centralisation des recettes et des dépenses est une opération délicate et compliquée, qui demande à être conduite avec méthode et précision.

L'application de ses principes, dont on ne peut s'écarter impunément, exige une sérieuse initiation.

L'ordonnance du 10 mai 1844 indique bien les opérations dont se compose la centralisation, mais d'une manière trop sommaire pour permettre d'en comprendre l'économie, sans une forte préparation ou une certaine pratique.

Quant au cahier des modèles faisant suite à cette ordonnance, il contient, à la vérité, plusieurs exemples de centralisation; mais aucun d'eux n'est accompagné des éléments qui concourent à l'établissement de cette importante opération et en font, pour ainsi dire, partie intégrante : extrait des revues, relevé général des feuilles de décompte, etc. On n'a pas ainsi sous les yeux un *ensemble chiffré au complet,* qui, en permettant de suivre, d'un document à l'autre, les différentes opérations de la centralisation, en fasse saisir la marche et apercevoir les résultats.

En publiant le présent travail, fruit d'une étude approfondie et d'une longue pratique, nous avons entrepris de combler cette lacune.

Dans la partie théorique de ce travail, nous nous sommes efforcé de donner sur le mode de régularisation spécial à chaque nature de fonds, ainsi que sur les opérations mêmes de la centralisation, des définitions aussi simples et aussi complètes que possible, en nous inspirant des textes officiels et en indiquant le mode de vérification le plus propre à assurer l'exactitude rigoureuse des résultats.

Dans sa partie pratique, nous avons présenté un exemple complet de centralisation, avec tous les éléments indispensables à l'intelligence du jeu des chiffres.

Nous avons cherché, en un mot, à rendre saisissables le but, l'économie et le mécanisme d'un ensemble d'opérations qui n'est pas sans attrait pour qui le possède bien.

Sans nous dissimuler que le livre ne peut qu'imparfaitement suppléer à la démonstration parlée, nous osons cependant espérer que notre travail permettra de se rendre un compte suffisant de la centralisation pour qu'on puisse en aborder, sans trop de difficultés, aussi bien la *vérification* que l'*établissement*.

Puissions-nous, malgré notre insuffisance, n'être pas resté trop au-dessous de notre tâche !

E.-P. ROUSSEL.

Montpellier, le 30 janvier 1875.

TABLEAU SYNOPTIQUE

PREMIÈRE PARTIE. — Exposition des principes

TITRE IV

DES OPÉRATIONS DE LA CENTRALISATION

Nos des pages

TITRE V

DES PRINCIPAUX ÉLÉMENTS DE LA CENTRALISATION

IIe PARTIE. — Application des principes

TABLEAUX DE LA CENTRALISATION PROPREMENT DITE

TABLEAUX ANNEXES DE LA CENTRALISATION

APPENDICE

MANUEL

DE

CENTRALISATION

PREMIÈRE PARTIE

EXPOSITION DES PRINCIPES

TITRE Ier

Du But de la centralisation

La situation financière des corps de troupe s'établit trimestriellement par la *Centralisation des recettes et dépenses*.

La nécessité et le but de la centralisation peuvent s'expliquer par le raisonnement suivant :

Si les corps de troupe n'effectuaient leurs dépenses qu'après constitution préalable d'une provision destinée à y faire face, il leur suffirait d'avoir une caisse divisée en compartiments par nature de fonds et de tenir un grand livre présentant les mêmes subdivisions.

Mais il n'en est point ainsi. Les droits ayant été constatés, les payements, à de très-rares exceptions près, ont lieu à la seule condition que la somme existant en caisse, quelle qu'en soit d'ailleurs la provenance, en offre les moyens.

De là la nécessité d'adopter un mode de comptabilité qui permette de reconnaître facilement et de présenter à des époques données (la période trimestrielle a été adoptée) *la situation de chaque nature de fonds vis-à-vis la caisse du corps.*

La centralisation répond à merveille à cette nécessité.

Opération essentiellement mathématique, la centralisation, par son ingénieux mécanisme, défie les erreurs comme les fausses opérations, et révèle infailliblement celles qui auraient pu être commises, aussi bien dans les comptes de la période à laquelle elle s'applique que dans ceux des périodes antérieures.

La centralisation des recettes et dépenses, *qui résume la comptabilité en deniers* des corps de troupe et des établissements qui s'administrent à l'instar des corps, a pour base principale la *revue générale de liquidation*. Pour entreprendre avec fruit l'étude de la centralisation, il est donc indispensable d'avoir une connaissance complète de la revue de liquidation.

TITRE II

De la Revue générale de liquidation

CHAPITRE PREMIER

DE L'OBJET DE LA REVUE GÉNÉRALE DE LIQUIDATION

La revue générale de liquidation est établie par l'Intendance militaire.

Elle sert à constater les droits du corps aux allocations de solde, accessoires de solde, masses ou abonnements, gratifications et indemnités diverses, fournitures en nature.

La revue se divise en deux parties : le *Crédit* et le *Débit*.

Le *Crédit* se forme par la récapitulation des décomptes partiels en deniers et en nature, résultant des feuilles de journée en hommes et en chevaux.

Le *Débit* s'obtient par la réunion des pièces dites d'imputation (déclarations de quittance, bons totaux, etc.), constatant les perceptions tant en deniers qu'en nature.

La comparaison du crédit et du débit constitue le *Décompte de libération*.

CHAPITRE II

DU CRÉDIT

SECTION Ire

DES ALLOCATIONS EN DENIERS

Les allocations en deniers se divisent en quatre parties :

La première comprend la Solde et les Accessoires de solde des Officiers ;
La deuxième, la Solde et les Accessoires de solde de la Troupe ;
La troisième, les Abonnements ou Masses ;
La quatrième, les Gratifications et Indemnités résultant du pied de guerre.

Les allocations faisant l'objet des première, deuxième et quatrième parties, ainsi que celles de la troisième partie concernant les officiers et les adjudants, sont payées intégralement aux ayants-droit (sauf déduction, bien entendu, de la retenue de 2 p. 100 au profit du Trésor à exercer sur celles qui en sont passibles).

Les autres allocations comprises dans la troisième partie servent à constituer une réserve ou provision, destinée à pourvoir à des dépenses, *abonnées* ou autres, qui sont effectuées suivant les besoins.

SECTION II

DES ALLOCATIONS EN NATURE

Les allocations en nature comprennent :

Les Vivres,
Le Chauffage
Et les Fourrages.

CHAPITRE III

DU DÉBIT

SECTION 1re

DES PERCEPTIONS EN DENIERS

Les perceptions en deniers sont constatées par les *déclarations de quittance* ou doubles des mandats ordonnancés par l'Intendance à valoir sur les crédits, soit au nom du Conseil d'administration, soit à celui de parties prenantes isolées ou de chefs de détachements, soit enfin, directement, au profit de créanciers du corps (1).

Chaque état de payement est inscrit, dans la revue, pour son total seulement, c'est-à-dire sans aucune distinction par nature d'allocations.

SECTION II

DES PERCEPTIONS EN NATURE

Les fournitures en nature (à l'exception, bien entendu, de celles faites à charge de remboursement), dont la perception par le corps est constatée par des *bons totaux* et *relevés de mandats d'étape*, sont portées au débit, dans des colonnes distinctes, par espèce de denrées, dans l'ordre suivi pour les allocations correspondantes.

En ce qui concerne les rations de viande fraîche, perçues cumulativement avec la solde, et pour lesquelles, par suite, aucune allocation en nature n'est faite dans les revues, la valeur en est ajoutée aux perceptions en deniers.

Quant aux autres denrées qui peuvent être perçues à charge de remboursement, elles demeurent étrangères à la revue de liquidation, la libération du corps s'opérant dans ce cas par voie de versements au Trésor.

CHAPITRE IV

DU DÉCOMPTE DE LIBÉRATION

Le décompte de libération termine la revue.

Son résultat final étant exprimé en deniers seulement, il est nécessaire, avant de procéder à la balance définitive du crédit et du débit en deniers, de comparer les allocations en nature avec les perceptions correspondantes, attendu que, dans le cas où les dernières auraient excédé les premières, la valeur des rations perçues en trop viendrait s'ajouter aux perceptions en deniers.

(1) Ce n'est que dans des circonstances tout à fait exceptionnelles que des ordonnancements ont lieu directement au profit de créanciers du corps. Tel est le cas, par exemple, lorsqu'un corps part d'une garnison sans avoir acquitté le montant des dégradations au casernement ou à la literie qui lui incombent.

La balance du crédit et du débit fait ressortir le trop ou le moins-perçu du corps, c'est-à-dire la somme pour laquelle le corps se trouve, en fin de trimestre, débiteur ou créancier envers l'État.

TITRE III

Des Écritures intérieures relatives à la comptabilité en deniers

CHAPITRE PREMIER

DE LA NATURE DES REGISTRES A TENIR POUR LA COMPTABILITÉ EN DENIERS

Dans l'exposé succinct qui précède, on a vu comment sont régularisées par l'Intendance les allocations et les perceptions; il convient maintenant d'examiner de quelle manière est régularisé, par le corps lui-même, l'emploi qu'il fait, tant des sommes ordonnancées à son profit, *à valoir sur les crédits,* que de celles entrées dans sa caisse à tout autre titre.

Les écritures et opérations auxquelles donne lieu la comptabilité en deniers des corps de troupe sont consignées dans les divers registres désignés à l'article 117 de l'ordonnance du 10 mai 1844, et dont les plus importants, au point de vue de l'objet du présent travail, sont :

Le Registre-journal,

Le Registre de centralisation.

CHAPITRE II

DU REGISTRE-JOURNAL ET DE SON OBJET

Le registre-journal est destiné à recevoir l'inscription, par ordre de date, de toutes les recettes qui sont faites *pour le compte du corps ou de la portion de corps que ce registre concerne,* des sommes qui sortent de la caisse du Conseil pour être remises au trésorier ou à l'officier-payeur, et des payements que ce comptable effectue pour l'acquittement des dépenses.

Chaque article enregistré reçoit un numéro d'ordre, qui est aussi reproduit sur la pièce justificative. La série des numéros est annuelle; elle est distincte pour les recettes et pour les dépenses.

La balance des recettes et des dépenses est faite le premier jour de chaque trimestre, ainsi qu'aux époques où la centralisation est arrêtée par les fonctionnaires de l'Intendance. Dans les portions de corps ayant une administration distincte, elle n'est établie que le jour de l'inscription du dernier article de recette ou de dépense afférant au trimestre précédent. (*Art. 125 de l'ordonnance du 10 mai 1844.*)

CHAPITRE III

DU REGISTRE DE CENTRALISATION

SECTION Ire

DE L'OBJET DU REGISTRE DE CENTRALISATION

Le registre de centralisation est destiné à recevoir l'inscription de toutes les recettes et dépenses faites au titre du corps, et à en présenter la classification par nature de fonds et par trimestre d'exercice, avec le résumé des opérations qui concernent l'ensemble de la comptabilité en deniers. *Art. 126 idem.)*

SECTION II

DE LA DISTINCTION DES RECETTES ET DES DÉPENSES PAR TRIMESTRE D'ANNÉE ET PAR TRIMESTRE D'EXERCICE

Il importe d'être bien fixé sur le sens qui s'attache aux mots : *trimestre* D'ANNÉE, *trimestre* D'EXERCICE.

Les mots : « trimestre *d'année* » désignent la période de temps pendant laquelle sont effectuées les recettes et les dépenses ; ceux : « trimestre *d'exercice* », la période à laquelle ces mêmes opérations sont afférentes par leur objet.

Ainsi, pour une feuille de prêt supplémentaire s'appliquant aux journées du 20 au 25 décembre 1873 et payée le 6 janvier suivant, le trimestre *d'année* sera le premier de 1874, et le trimestre *d'exercice*, le quatrième de 1873.

SECTION III

DES RECETTES ET DES DÉPENSES EFFECTIVES ET PAR VIREMENT

Les recettes et les dépenses sont de deux sortes : *effectives* et *par virement*.

Les recettes et les dépenses effectives sont celles qui affectent l'avoir en caisse.

Les recettes et les dépenses par virement sont des opérations d'ordre qui, augmentant une nature de fonds et en diminuant une autre, n'affectent pas l'avoir en caisse général.

Les virements font l'objet d'un tableau spécial au registre de centralisation.

Aucune recette ou dépense d'ordre ne doit figurer dans les écritures en dehors de ce tableau.

SECTION IV

DE LA DISTINCTION DES RECETTES ET DES DÉPENSES PAR NATURE DE FONDS

Les fonds sur lesquels portent les recettes et les dépenses des corps de troupe peuvent se diviser en deux catégories principales.

La première catégorie comprend ceux dont les allocations sont constatées par les revues,

Savoir :

1° La Solde et les Accessoires de solde ;
2° La Masse individuelle ;
3° La Masse générale d'entretien (1re portion) ;
4° La Masse générale d'entretien (2e portion) ;
5° La Masse d'entretien du harnachement et ferrage (pour les corps de troupe à cheval), ou la Masse d'entretien des équipages régimentaires (pour les corps de troupe à pied).

La deuxième catégorie, ceux dits *spéciaux*, auxquels ressortissent les dépenses faites à charge de remboursement par l'État,

Savoir :

6° Le fonds de l'Habillement ;
7° — du Harnachement ;
8° — de l'Entretien des Armes ;
9° — de l'Entretien des Écoles régimentaires ;
10° — de l'Entretien de l'Infirmerie régimentaire et des dépenses de Culte ;
11° — de la Dotation de l'armée.

Indépendamment des catégories qui précèdent, la distinction à faire entre les recettes et les dépenses comprend en outre :

12° Les Fonds divers ;

13° Les Versements d'une portion de corps à l'autre.

SECTION V

DE LA SOLDE ET DES ACCESSOIRES DE SOLDE

Les allocations comprises dans les revues sous ce titre, c'est-à-dire celles qui font l'objet des 1re, 2e et 4e parties du tableau n° 9 des revues, ainsi que celles de la 3e partie du même tableau qui concernent les officiers et les adjudants, doivent être payées intégralement aux ayants-droit, après déduction, bien entendu, de la retenue de 2 p. 100 au profit du Trésor pour celles de ces allocations qui en sont passibles.

Le traitement des officiers est payé mensuellement et à terme échu.

Le prêt de la troupe est également payé à terme échu, mais aux dates des 1er, 6, 11, 16, 21 et 26 de chaque mois.

Les indemnités ou gratifications allouées en cas de promotion, et celles résultant du pied de guerre, sont payées aussitôt que les circonstances qui y donnent lieu ont été notifiées aux intéressés.

Sur le montant des feuilles de prêt, le trésorier précompte la valeur des rations de viande fraîche perçues en nature, ainsi que celle des fournitures de pain de soupe et autres qui peuvent avoir été faites à charge de remboursement. Les feuilles de prêt n'en sont pas moins portées intégralement en dépense à la *solde*, mais le montant du précompte opéré est inscrit en même temps en recette aux *fonds divers*.

Lorsque les droits ont été déterminés, c'est-à-dire aussitôt que les feuilles de journées ont été vérifiées par le Sous-Intendant militaire, les payements effectués pendant le trimestre, pour traitement des officiers et pour prêt de la troupe, sont comparés aux allocations correspondantes constatées par ces feuilles. Ce rapprochement s'effectue au moyen des états dits *comparatifs* mentionnés aux articles 150 et 162 de l'ordonnance du 10 mai 1844.

Les créanciers reçoivent le complément auquel ils ont droit, et les débiteurs versent à la caisse du trésorier ce qu'ils avaient reçu en trop.

Pour la simplification et la clarté des écritures, il importe que, à moins d'impossibilité réelle, toutes les recettes et toutes les dépenses que comportent les états comparatifs soient effectuées avant la clôture de la centralisation du trimestre auquel ils sont afférents (1).

Cette observation s'applique également aux dépenses et aux recettes que peuvent nécessiter les augmentations de crédit et les imputations détaillées au décompte de libération. A cette dernière catégorie appartiennent, notamment, les versements à faire dans la caisse du trésorier pour trop-perçus en nature, donnant lieu à l'établissement d'un extrait du registre des distributions, suivant les prescriptions de l'article 151 de l'ordonnance du 10 mai 1844.

On trouvera ci-après (titre V, chapitre II) le mode à employer pour contrôler promptement et rigoureusement les résultats des *états comparatifs*, ces régulateurs de la solde, dont l'exactitude importe si essentiellement à la marche des opérations de la centralisation.

(1) L'ordonnance 10 mai 1844 n'est pas très-explicite à ce sujet. Mais, si l'on se reporte aux modèles nos 18 et 48 du cahier faisant suite à cette ordonnance, on verra d'une part que, lorsque tous les officiers ayant des reliquats sont présents, il n'est fait qu'un seul article de recette ou de dépense, égal au résultat final de l'état comparatif, et, d'autre part, que tous les exemples de centralisation comprennent les recettes ou les dépenses concernant les trop ou moins-payés du trimestre correspondant.

SECTION VI

DE LA MASSE INDIVIDUELLE

La masse individuelle, à raison de la multiplicité et de la diversité des opérations qui y ressortissent, est sans contredit, de tous les fonds, celui dont la régularisation est la plus compliquée.

Pour se rendre facilement compte de l'ensemble des opérations, il faut se représenter le corps comme une sorte de tuteur chargé de pourvoir, au lieu et place des hommes, à toutes les dépenses d'entretien qui leur incombent, au moyen de l'abonnement alloué individuellement à cet effet.

Les recettes effectuées par le corps au titre de la masse individuelle pour le compte des hommes: *prime journalière d'entretien, premières mises, versements volontaires, fonds de masse provenant d'autres corps*, etc., sont inscrites aux comptes courants individuels, tant sur les livrets des hommes que sur les livres de détail des compagnies, escadrons ou batteries, aux époques déterminées par l'article 140 de l'ordonnance du 10 mai 1844.

Il en est de même des payements faits directement aux hommes et des dépenses effectuées pour leur compte: *excédant du complet de la masse; avoir des hommes libérés, réformés ou promus; avances en route, réparations aux effets et armes, dégradations au casernement ou à la literie, moins-value d'effets, transmission de masse à d'autres corps*, etc.

Dès que le trésorier a clos les feuilles de journées, les recettes et les dépenses inscrites aux comptes courants pendant le trimestre qu'elles concernent sont résumées dans des feuilles de décompte, présentant l'*avoir* ou le *débet* de chaque homme au premier jour du trimestre suivant, ou au jour de sa radiation des contrôles. (*Article 187 de l'ordonnance du 10 mai 1844.*)

En ce qui concerne l'approvisionnement d'effets de petit équipement, réalisé et entretenu sur le fonds de la masse individuelle, ce fonds, ne rentrant dans les avances qu'il fait pour cet objet qu'au fur et à mesure de l'imputation aux comptes courants individuels du prix des effets distribués, reste à découvert de la valeur de tous ceux existant en magasin.

Si une partie de l'approvisionnement est cédé à l'État ou à d'autres corps, le fonds de la masse individuelle en est remboursé directement.

Si quelques effets spéciaux sont délivrés à des parties prenantes qui n'ont pas de masse, ou dont la masse n'en doit pas supporter l'imputation, telles que les *enfants de troupe au-dessous de l'âge de quatorze ans* et les *élèves tambours* (effets accessoires de caisse), le fonds de la masse individuelle en est désintéressé par d'autres fonds, ainsi qu'il est expliqué au chapitre IV du titre IV.

L'avoir des hommes désertés, disparus ou morts, constaté par les feuilles de décompte, est versé trimestriellement à la deuxième portion de la masse générale d'entretien, qui, par contre, rembourse à la masse individuelle le débet laissé par les hommes désertés, disparus, réformés, libérés, retraités ou morts. (*Articles 185 et 184 de l'ordonnance du 10 mai 1844.*)

Il résulte de ce qui précède que la régularisation des recettes et des dépenses de la masse individuelle repose sur les feuilles de décompte et sur le chapitre 6 du registre des recettes et consommations de l'habillement. De l'exactitude de ces documents dépend entièrement le succès de la centralisation, en ce qui concerne le fonds de la masse individuelle. Il est donc indispensable d'en faire une vérification rigoureuse. On arrivera d'une manière aussi facile que certaine au résultat désiré, en procédant comme il est indiqué ci-après (titre V, chapitre III).

SECTION VII

DE LA MASSE GÉNÉRALE D'ENTRETIEN (1re PORTION)

La première portion de la masse générale d'entretien est destinée à subvenir aux dépenses de la musique: *primes de fonctions des musiciens; achat, renouvellement, entretien et réparation des instruments de musique; achat de partitions, de cahiers, papiers et cartons de musique*, etc.

Elle pourvoit à ces dépenses au moyen d'un abonnement compris dans les revues.

En fin d'exercice, le trésorier doit s'assurer que les payements effectués à titre de primes aux musiciens pour l'ensemble de l'exercice sont en rapport avec les droits, eu égard aux mutations et aux fixations portées semestriellement au registre des délibérations, et, s'il y a lieu, faire reverser à sa caisse, avant la clôture de la centralisation du quatrième trimestre, le montant des trop-payés.

Avant de clore cette même centralisation, le trésorier doit, en outre, établir (en minute) spécialement pour la première portion de la masse générale d'entretien, la *récapitulation comparative* des recettes et des dépenses de l'exercice. Si cette opération fait ressortir un excédant de recette supérieur au maximum déterminé pour l'arme, il verse le surplus par virement à la deuxième portion. (*Décisions ministérielles des* 14 *janvier* 1868 *et* 18 *juin* 1874).

Les recettes et dépenses de la première portion de la masse d'entretien sont résumées annuellement dans un état, ainsi qu'il sera expliqué ci-après pour la deuxième portion.

SECTION VIII

DE LA MASSE GÉNÉRALE D'ENTRETIEN (2e PORTION)

Les dépenses incombant à la deuxième portion de la masse générale d'entretien sont multiples. La nomenclature en est indiquée par la décision ministérielle du 15 mars 1872, insérée au *Journal militaire officiel.*

Cette nomenclature divise les dépenses en deux grandes catégories.

La première comprend celles qui peuvent être rattachées à l'un des titres principaux ci-après :

1° Éclairage des escaliers et corridors dans les troupes à pied ;
2° Illuminations ;
3° Distributions, cuisines, ordinaires ;
4° Entretien de l'habillement ;
5° Entretien du grand équipement ;
6° Entretien de la coiffure ;
7° Habillement et petit équipement des enfants de troupe âgés de moins de quatorze ans ;
8° Dépenses éventuelles du chef de corps ;
9° Frais divers des magasins des corps ;
10° Dépenses par virement de fonds et rectifications.

La deuxième, celles qui, ne pouvant, à raison de leur diversité ou de leur caractère essentiellement exceptionnel, être l'objet d'aucun titre général spécial, sont désignées sous celui de *Dépenses diverses.*

La deuxième portion de la masse générale d'entretien s'alimente, comme la première, par un abonnement compris dans les revues. Elle bénéficie de l'avoir à la masse des hommes désertés, disparus ou morts ; par contre, elle désintéresse la masse individuelle du débet laissé par les hommes désertés, disparus, réformés, libérés, retraités ou morts.

Elle reçoit, en outre, l'excédant du complet de la première portion, ainsi qu'il est expliqué plus haut.

Aux termes de la décision du 15 mars 1872 précitée, toutes les dépenses qui y sont désignées peuvent être effectuées par le Conseil d'administration du corps, lorsqu'il y a utilité réelle et sans qu'il soit besoin d'aucune autorisation, même de la part des fonctionnaires chargés de l'exercice du contrôle ; à moins que les sommes auxquelles elles s'élèveraient, vu le nombre des objets à acheter, ne se trouve dépasser, pour un motif quelconque, le maximum des fixations déterminées par les règlements ou consacrées par l'usage.

Au delà de ces limites, aucune dépense ne peut être prélevée sur les fonds de la deuxième portion de la masse générale d'entretien sans une autorisation spéciale du Ministre.

En ce qui concerne les dépenses *abonnées*, telles que celles relatives à l'entretien de l'habillement, du grand équipement et de la coiffure, dont le montant est subordonné au nombre de journées de prime journalière d'entretien de la masse individuelle alloué par les revues, il est nécessaire, dès que la revue du quatrième trimestre a été arrêtée, de rapprocher, par *états comparatifs*, les payements effectués des droits constatés, et de porter en recette ou en dépense, avant la clôture de la centralisation du même trimestre, le montant des trop-payés ou des moins-payés.

Aussitôt après l'arrêté de cette centralisation, les recettes et les dépenses faites pendant l'exercice expiré au titre de la première et de la deuxième portion de la masse générale d'entretien sont résumés dans un état (*formule n° 105 de la nomenclature*). Les dépenses y sont groupées par catégorie, suivant les titres généraux indiqués ci-dessus. Cet état est remis à l'Intendant militaire inspecteur chargé d'arrêter la comptabilité de l'exercice, afin de lui permettre de vérifier si la masse générale d'entretien a été administrée régulièrement et économiquement.

SECTION IX

DE LA MASSE D'ENTRETIEN DU HARNACHEMENT ET FERRAGE, OU DES ÉQUIPAGES RÉGIMENTAIRES

Cette masse est destinée à subvenir à l'entretien des *effets de harnachement et de ferrure*.

Elle pourvoit également à l'achat et à l'entretien des *effets accessoires de harnachement, des objets mobiliers d'écurie, du matériel d'infirmerie vétérinaire et d'éclairage*.

Elle supporte, en outre, les dépenses que nécessite l'entretien du *matériel roulant* et toutes celles concernant les *exercices d'équitation*.

Indépendamment de l'abonnement qui lui est alloué sur le budget de la solde, et compris dans les revues, cette masse s'alimente encore du produit des fumiers et des dépouilles de chevaux morts ou abattus.

Les dépenses *abonnées*, c'est-à-dire celles ayant pour objet l'entretien du harnachement, des mors et étriers et de la ferrure, sont régularisées par *états comparatifs*, avant la clôture de la centralisation du quatrième trimestre de chaque exercice, ainsi qu'il est indiqué à la section précédente.

Les recettes et les dépenses de l'exercice sont résumées et groupées par catégories dans un état (*formule n° 106 de la nomenclature*) qui reçoit la même destination que celui qui concerne la masse générale d'entretien.

SECTION X.

DU FONDS DE L'HABILLEMENT.

Les dépenses imputables à ce fonds sont celles relatives à la *confection ou l'achat des effets d'habillement, d'équipement et autres spéciaux*, dont la fourniture incombe au budget de l'habillement.

La nomenclature de ces dépenses est contenue dans les décisions ministérielles portant description de l'uniforme des différentes armes et autres insérées au *Journal militaire officiel*.

Le corps en est remboursé annuellement par ordonnance directe, sur la production d'un compte de gestion. Il peut recevoir des à-compte dans le courant de l'année, sur la production d'un décompte établi suivant le modèle joint à la circulaire du 25 mars 1839, si la situation de sa caisse le nécessite.

SECTION XI

DU FONDS DU HARNACHEMENT

Ce fonds, ainsi que l'indique son titre, ne concerne que les corps de troupe à cheval. Il reçoit l'imputation des dépenses ayant pour objet la fourniture des principaux effets de harnachement : *selles, schabraques.*

Le remboursement de ces dépenses a lieu par ordonnance directe, sur la production de justifications analogues à celles indiquées plus haut pour le fonds de l'habillement.

SECTION XII

DU FONDS DE L'ENTRETIEN DES ARMES

Les dépenses incombant au fonds de l'entretien des armes sont celles ayant pour objet:

L'entretien et la réparation des armes (autres que celles imputables à la masse individuelle), soit sous le régime de l'abonnement, soit sous celui de clerc à maître ;

Le numérotage des armes ;

La prime de travail du chef armurier ;

Les achats de pièces d'armes ;

Les frais d'emballage de ces pièces.

Les dépenses d'armement sont remboursées annuellement au corps par ordonnance directe, sur la production d'un compte de gestion, à l'exception, toutefois, de celles relatives aux achats de pièces d'armes.

En ce qui concerne ces dernières, le corps ne rentre dans ses avances qu'au fur et à mesure des livraisons de pièces d'armes faites au chef armurier, lequel en verse le montant à la caisse du corps.

SECTION XIII

DU FONDS DE L'ENTRETIEN DES ÉCOLES RÉGIMENTAIRES

Les dépenses imputables à ce fonds sont celles concernant la *gymnastique*, le *tir*, la *natation*, l'*escrime*, les *écoles régimentaires du 1er et du 2me degré*, les *écoles de tambours et clairons et* les *achats de théories et placards.*

Ces dépenses, pour lesquelles un maximum est déterminé, sont remboursées au corps en fin d'exercice, et plus tôt s'il est nécessaire, par mandats de l'intendance militaire.

SECTION XIV

DU FONDS DE L'ENTRETIEN DE L'INFIRMERIE RÉGIMENTAIRE ET DES DÉPENSES DE CULTE

Les dépenses classées sous ces titres sont celles *rattachées au budget des hôpitaux*, par les décisions ministérielles des 19 novembre 1871, 11 novembre 1872 et 28 mai 1873.

Comme pour celles relatives aux écoles, les corps en sont remboursés par mandats de l'Intendance.

SECTION XV

DE LA DOTATION DE L'ARMÉE

Les dépenses faites pour le compte de la *dotation de l'armée* sont remboursées trimestriellement par la Caisse des dépôts et consignations, sur la production de bordereaux vérifiés et arrêtés par l'Intendance.

Par suite de l'abrogation de la loi sur la dotation de l'armée, ce fonds est destiné à disparaître dans un avenir prochain.

SECTION XVI

DES FONDS DIVERS

Sous le titre de fonds divers sont classées les recettes et les dépenses dont la liquidation a lieu à long terme ou se trouve seulement ajournée, telles que celles concernant les versements faits à la caisse du corps à *titre de dépôt*, les *pertes et déficit de fonds* et les *avances remboursables*, autres que celles incombant aux *fonds spéciaux*.

A raison de leur diversité et afin d'en pouvoir suivre la liquidation avec facilité, les recettes et les dépenses ressortissant aux fonds divers sont l'objet d'un *Carnet* spécial dont la tenue est prescrite par la décision ministérielle du 1er août 1859.

Ce carnet est divisé en chapitres, par nature de recettes ou de dépenses. Le nombre de ces chapitres, qui sont autant de comptes courants particuliers, est nécessairement variable suivant les armes et suivant les circonstances.

Les principaux chapitres sont affectés aux :

1. Achats de chevaux vendus par des officiers;
2. Avances en route ;
3. Achats de boutons d'uniforme ;
4. Achats de pièces de coiffure et d'équipement ;
5. Approvisionnements de ferrure ;
6. Frais de nourriture de chevaux en route ;
7. Pertes et déficit de fonds ;
8. Rations et denrées remboursables ;
9. Boni des ordinaires ;
10. Cautionnements de fournisseurs.

Les résultats des balances trimestrielles de chaque chapitre sont reportés au registre de centralisation, comme explications sur l'excédant des fonds divers.

Il va sans dire que les excédants doivent être exactement représentés, soit par des valeurs, soit par des restitutions à faire ou des remboursements attendus, de façon à ce que les recettes et les dépenses se balancent pour chaque chapitre, à un moment donné.

SECTION XVII

DES VERSEMENTS D'UNE PORTION DE CORPS A L'AUTRE

Les excédants de recette à ce titre, que peuvent présenter certaines portions du corps, doivent toujours être compensés par des excédants de dépense d'autres portions, de façon qu'il y ait balance pour l'ensemble du corps.

TITRE IV

Des Opérations de centralisation

CHAPITRE PREMIER

DE LA DIVISION DES OPÉRATIONS

La centralisation comprend plusieurs opérations, qui font l'objet de tableaux distincts :

1° INSCRIPTION ET TOTALISATION DES RECETTES ET DÉPENSES ;
2° BALANCE DES RECETTES ET DÉPENSES AVEC LES CRÉDITS ;
3° VIREMENTS ;
4° RÉCAPITULATION COMPARATIVE ;
5° EXPLICATIONS SUR LES EXCÉDANTS ;
6° SITUATION DES FONDS DE LA PORTION CENTRALE.

CHAPITRE II

DE L'INSCRIPTION ET DE LA TOTALISATION DES RECETTES ET DÉPENSES

Les recettes et les dépenses effectuées par la portion centrale sont inscrites au registre de centralisation en même temps, et sous les mêmes numéros, qu'au registre-journal, mais seulement par l'indication sommaire de leur objet.

Elles sont totalisées immédiatement après la clôture du décompte de libération et l'inscription des recettes ou dépenses que ce décompte et les états comparatifs, établis en exécution des articles 150 et 162 de l'ordonnance du 10 mai 1844, peuvent comporter (1).

Les recettes et dépenses effectuées par les autres portions du corps sont portées *en un seul article pour chacune d'elles,* d'après les extraits du registre-journal arrêtés par les Conseils éventuels ou par les officiers qui en tiennent lieu.

Les payements pour solde et accessoire de solde, faits directement par les agents du Trésor, sur mandats des fonctionnaires de l'Intendance, aux détachements de jeunes soldats et autres, ainsi qu'aux militaires isolés du corps, sont portés en recette et en dépense, *en un seul article,* pour chaque détachement ou partie prenante individuelle, avec désignation du temps auquel le payement se rapporte.

En principe, la somme à porter en recette et en dépense pour les parties prenantes isolées est celle réellement ordonnancée (moins la retenue de 2 p. 100), c'est-à-dire la somme nette payée. Cependant, lorsqu'il a été opéré sur les états de solde qui les concernent une imputation pour dette, soit envers le corps, soit envers l'État (comme dans le cas de perception de viande fraîche), il n'est bien porté en *recette* à la *solde* que la somme reçue réellement du Trésor ; mais, par analogie avec le mode prescrit par la circulaire ministérielle du 28 novembre 1873, à l'égard des payements effectués par le trésorier dans les mêmes conditions, il doit être inscrit en *dépense* au même fonds une somme égale au *total de la recette et de l'imputation;* par suite, la différence entre la

(1) Voir la note de la page 12.

recette et la dépense, *soit le montant de l'imputation*, est en même temps portée en *recette* aux *fonds divers* (1).

Aussitôt après la clôture du décompte de libération, le trésorier doit comparer le montant des recettes inscrites aux fonds divers, pour l'ensemble du corps, *à titre de viande fraîche*, avec les imputations correspondantes figurant à ce décompte, et niveler les unes avec les autres, avant d'arrêter la centralisation, par des recettes complémentaires ou des remboursements aux ayants-droit.

Toutes les recettes et les dépenses afférentes au trimestre sont totalisées : *séparément*, pour la portion centrale; *ensemble*, pour les autres portions, les détachements et les parties prenantes isolées, et récapitulées *en masse* pour tout le corps. (*Article* 126 *de l'ordonnance du* 10 *mai* 1844.)

CHAPITRE III

DE LA BALANCE DES RECETTES ET DES DÉPENSES AVEC LES CRÉDITS

SECTION 1re

DE LA BALANCE DES RECETTES AVEC LES CRÉDITS

La balance des recettes avec les crédits est la même opération, présentée seulement sous une autre forme, que le décompte de libération de la revue. Comme ce décompte, elle sert à établir la situation du corps vis-à-vis de l'État. De plus, elle étend à chacun des fonds alimentés par les revues la comparaison des allocations avec les perceptions qui, au décompte de libération, n'est faite que sur l'ensemble de ces fonds.

Il importe essentiellement de ne jamais perdre de vue cette définition, de laquelle dérivent les différentes opérations qui constituent la balance des recettes avec les crédits, et qui guidera sûrement, aussi bien pour les écritures à passer que pour les explications à fournir, lorsqu'on se trouvera en présence de circonstances exceptionnelles.

La nécessité où l'on est de retrouver dans cette balance les mêmes éléments de comparaison que ceux du décompte de libération conduit, en effet, à reconnaître :

1° Que la balance des recettes avec les crédits porte exclusivement sur les fonds suivants :

Solde et accessoires de solde;
Masse individuelle;
Masse générale d'entretien (1re portion);
Masse générale d'entretien (2me portion);
Masse d'entretien du harnachement et ferrage ou des équipages régimentaires;

2° Que les imputations détaillées au décompte de libération *qui n'ont pas donné lieu à des recettes* A LA SOLDE (comme, par exemple, celles concernant les rations de viande fraîche fournies par

(1) Ce mode d'opérer, qui est conforme à l'esprit des instructions ministérielles, satisfait à tous les points de vue. Il se justifie d'ailleurs ainsi :

D'une part, si le montant des *imputations* faites dans les états de solde des parties prenantes isolées n'était pas compris dans les *dépenses de la solde*, une somme égale ressortirait en moins payé dans les *états comparatifs* et, par suite, apparaîtrait en excédant de crédit à la *balance des dépenses avec les crédits*.

D'autre part, si le montant de ces mêmes imputations n'était pas compris dans les *recettes des fonds divers*, ces fonds n'auraient pas la provision nécessaire pour rendre à la solde, par virement, en conformité de la circulaire du 28 novembre 1873 précitée, le montant intégral de l'imputation faite, au décompte de libération, de la valeur des rations de viande fraîche fournies par l'Etat (d'après les bons totaux qui en constatent la perception, *et au nombre desquels figurent nécessairement ceux concernant les parties prenantes isolées*).

l'État et le trop perçu reporté du trimestre précédent) (1) doivent être *ajoutées* au total des recettes de la solde et accessoires de solde pour l'ensemble du corps ;

3° Qu'il est nécessaire de *déduire* des recettes pour solde, accessoires de solde et masses, celles qui ne proviennent pas d'ordonnancements ou imputations détaillées au décompte de libération (comme, par exemple, celles concernant les remboursements pour trop-payés, à la solde, à QUELQUE TRIMESTRE *qu'ils soient afférents*, les remboursements pour trop-perçus en nature imputés dans les revues *afférentes à des trimestres* ANTÉRIEURS (2), les versements volontaires à la masse individuelle, les masses venues d'autres corps, les remboursements pour cession d'effets et autres effectués au profit des masses, le prix de la vente des fumiers et des dépouilles de chevaux, etc., en un mot toutes les recettes dites *intérieures* autres que celles nécessitées par les imputations portées au décompte de libération).

Après que ces *augmentations* et *diminutions* ont été faites au total des recettes applicables aux cinq natures de fonds énoncées plus haut, il est évident qu'on doit obtenir pour résultat un chiffre égal à celui du total du *débit* (formant l'un des deux éléments de la comparaison finale du décompte de libération), si le montant des déclarations de quittance, et celui des autres imputations *donnant lieu à des remboursements à la caisse du corps*, ont été exactement portés en recette dans les écritures intérieures.

En cas de différence, il y aurait lieu d'en rechercher la cause et, à cet effet, de collationner le tableau des déclarations de quittance avec les incriptions du registre de centralisation et des extraits de journal des portions détachées.

Les CRÉDITS à comparer aux RECETTES sont les totaux mêmes du tableau n° 9 des revues (réduits, bien entendu, du montant de la retenue de 2 p. 100 au profit du Trésor, figurant à la suite du tableau n° 10), auxquels sont ajoutées les augmentations portées au décompte de libération (première page du tableau n° 12).

Les éléments de la comparaison qui fait l'objet de la *balance des recettes avec les crédits* ayant été ramenés aux chiffres du *décompte de libération*, le résultat de ladite balance, pour l'ensemble des fonds, ne saurait être autre que celui de ce décompte. S'il existait une différence, elle devrait être l'objet d'une explication basée sur les résultats de la vérification indiquée à l'avant-dernier paragraphe.

On voit, par ce qui précède, que la balance des recettes avec les crédits constitue un point de contrôle certain pour la PRISE EN CHARGE *par les corps de toutes les sommes ordonnancées à leur profit, à valoir sur les crédits.*

Les trop-perçus et les moins-perçus par les masses sont compensés au chapitre des virements, savoir : les premiers, par dépense aux masses et recette à la solde ; les seconds, par dépense à la solde et recette aux masses. Les masses ayant ainsi été désintéressées, le fonds de la solde reste seul créancier ou débiteur vis-à-vis du Trésor, pour l'intégralité du moins-perçu et du trop-perçu constaté par le décompte de libération.

(1) Au lieu d'ajouter aux recettes le trop-perçu reporté du trimestre précédent, quelques trésoriers le diminuent des crédits. Il suffit, pour apercevoir le vice de cette manière d'opérer, de considérer que, dans le décompte de libération, on ne procède jamais par voie de *diminution* (LES IMPUTATIONS A FAIRE DANS LES REVUES N'ÉTANT JAMAIS DIMINUÉES DU CRÉDIT, MAIS BIEN AJOUTÉES AU DÉBIT) et qu'en opérant autrement en centralisation, on ne retrouve plus à la balance les mêmes éléments de comparaison qu'au décompte de libération.

(2) On comprend facilement qu'on n'a pas à déduire des recettes celles relatives au remboursement des trop-perçus en nature du *trimestre courant*, puisqu'elles figurent au décompte de libération, dont les éléments sont reconstitués dans la balance des recettes avec les crédits.

SECTION II

DE LA BALANCE DES DÉPENSES AVEC LES CRÉDITS

La balance des dépenses avec les crédits a pour but de constater que toutes les allocations comprises dans les revues, à titre de solde, accessoires de solde, gratifications et indemnités diverses, ont été payées intégralement aux ayants-droit.

Les seules dépenses à comparer aux crédits sont donc celles portées, au registre de centralisation, dans la colonne intitulée : *Solde et accessoires de solde* QUI SONT AFFÉRENTS AU TRIMESTRE AUQUEL S'APPLIQUE LA CENTRALISATION.

Du total de ces dépenses, il convient de déduire :

1° Les *recettes* ayant pour objet le remboursement de trop-payés, soit aux officiers, soit à la troupe, *applicables au trimestre* COURANT (puisqu'elles ont eu pour effet d'atténuer les dépenses) ;

2° Les *dépenses* concernant des moins-payés, soit aux officiers, soit à la troupe, *afférents aux trimestres* PRÉCÉDENTS, et en général toutes celles qui n'ont aucun rapport avec les allocations de solde du trimestre courant (1).

Les CRÉDITS à comparer aux DÉPENSES sont les mêmes que ceux à comparer aux RECETTES, *dans la balance des recettes avec les crédits*. Mais il y a lieu de remarquer que les augmentations de crédit portées au décompte de libération ne sont pas toutes indistinctement, comme dans cette dernière balance, à ajouter aux totaux du tableau n° 9 des revues. Sont seules susceptibles d'être ajoutées aux crédits proprement dits, celles des augmentations qui, ayant pour objet un redressement d'erreurs commises au préjudice de quelque partie prenante dans les décomptes de libération précédents, *doivent nécessairement donner lieu à des dépenses ;* savoir : inscription inexacte de déclarations de quittance, décompte erroné de trop-perçus en nature, etc.

Quant aux augmentations qui ne comportent pas de dépense, comme, par exemple, celles ayant simplement pour effet de couvrir les fonds généraux de la caisse du moins-perçu ressortant au décompte de libération du trimestre précédent, elles doivent rester étrangères, il est à peine besoin de le dire, aux crédits à comparer aux dépenses de la solde.

La balance des dépenses avec les crédits est un point de contrôle rigoureux pour les ÉTATS COMPARATIFS *appelés à régulariser les dépenses de la solde, auxquels elle impose une exactitude mathématique.*

Si, en effet, ces états ont été exactement et entièrement liquidés avant l'arrêté de la centralisation, ladite balance présentera pour résultat :

Égalité entre les dépenses et les crédits.

Dans le cas contraire, elle fera ressortir l'un des résultats suivants :

Excédant des dépenses sur les crédits, ou *excédant des crédits sur les dépenses*,

suivant que les trop-payés restant à recouvrer seront supérieurs ou inférieurs aux moins-payés non soldés.

(1) Par suite du décret du 10 octobre 1874, il n'y a plus lieu de déduire des dépenses de la solde le montant de la prime des adjudants et assimilés, qui, portée autrefois en allocation à la masse individuelle, *dans les revues*, était confondue avec le prêt, *dans les dépenses*.

CHAPITRE IV

DES VIREMENTS

Les virements sont des opérations d'ordre nécessaires :

1° Pour ramener aux chiffres mêmes des crédits les recettes provenant d'ordonnancement effectuées au titre des différentes masses, en reportant à la solde, comme il est expliqué plus haut (titre IV, chapitre III, section 1re), les trop-perçus et les moins-perçus par les masses accusés à la balance des recettes avec les crédits ;

2° Pour désintéresser les différents fonds des sommes dont ils peuvent être créanciers les uns envers les autres. A cette catégorie appartiennent, notamment :

Les versements à effectuer par la masse individuelle à la deuxième portion de la masse générale d'entretien, *de l'avoir des hommes désertés, disparus ou morts, constaté par la colonne 41 du relevé général des feuilles de décompte ;*

Les versements à effectuer par la deuxième portion de la masse générale d'entretien, à la masse individuelle, *du débet des hommes désertés, disparus, réformés, libérés, retraités ou morts, ressortant à la colonne 44 du même relevé ;*

Les remboursements à faire à la masse individuelle, par la deuxième portion de la masse générale d'entretien et par le fonds des écoles régimentaires, *de la valeur des effets de linge et chaussure et des accessoires de caisse fournis par le magasin du corps aux enfants de troupe au-dessous de l'âge de quatorze ans et aux élèves tambours, et figurant en sortie au chapitre 6 du registre des recettes et consommations de l'habillement;*

Les virements ayant pour objet le redressement d'erreurs commises dans la classification des recettes ou des dépenses comprises dans les centralisations antérieures ;

3° Enfin, pour débarrasser certains fonds d'excédants de recette ou de dépense dont la liquidation se trouve ajournée ; tels sont, par exemple :

Les versements effectués par la masse individuelle aux fonds divers *d'avances en route, dont les mandats ne sont pas parvenus, ou d'imputations concernant des réparations aux effets ou armes dont l'exécution n'a pu avoir lieu avant la clôture de la centralisation ;*

Les versements effectués par les fonds divers à la solde *de trop-payés irrecouvrables, en attendant la solution à intervenir, ou de débets qui ne doivent être éteints que par à-compte successifs.*

CHAPITRE V

DE LA RÉCAPITULATION COMPARATIVE

La récapitulation comparative consiste dans la comparaison des recettes et des dépenses du trimestre, tant effectives que par virement, augmentées des excédants de recette ou de dépense accusés par la précédente centralisation.

Les excédants qui en ressortent résument la situation financière du corps et celle des différents fonds à la clôture du *trimestre d'exercice.*

Cette opération est complétée par la répartition, entre la portion centrale et chacune des autres portions ayant une administration distincte, de l'excédant général résultant de la balance générale des excédants des différents fonds.

La *récapitulation comparative* du quatrième trimestre est suivie d'une seconde récapitulation qui embrasse les recettes et dépenses de tout l'exercice.

CHAPITRE VI

DES EXPLICATIONS SUR LES EXCÉDANTS

SECTION Ire

DES EXPLICATIONS EN GÉNÉRAL

Les excédants de recette ou de dépense que fait ressortir la récapitulation comparative, à l'exception de ceux des masses d'entretien, ont chacun leurs points de contrôle.

Il ne doit jamais ressortir aucun excédant à la *dotation de l'armée,* attendu que le corps est remboursé trimestriellement de ses avances par mandats de l'Intendance.

Il ne peut non plus exister aucun excédant au titre des *versements d'une portion de corps à l'autre,* puisque aucune portion de corps ne peut se porter en dépense sans qu'une autre se porte en même temps en recette, et qu'il en résulte nécessairement compensation pour l'ensemble du corps.

SECTION II

DE L'EXCÉDANT DE LA SOLDE

Comme, d'une part, par les virements qui ont été la conséquence de la balance des recettes avec les crédits, la solde a pris à son compte les trop-perçus et les moins-perçus des masses ; et comme, d'autre part, par le règlement des états comparatifs, les dépenses de la solde sont devenues égales aux crédits, *ce fonds n'a plus d'autre débiteur ou créancier que l'État,* et, conséquemment, l'excédant qui y est accusé ne peut que représenter la somme redue par le corps ou lui revenant, d'après le décompte de libération.

Si quelques-unes des déclarations de quittance, figurant en recette dans les écritures intérieures, n'ont pas été portées au décompte de libération, l'excédant ressortant à la récapitulation comparative est supérieur ou inférieur d'autant au résultat de ce décompte, suivant que celui-ci accuse un trop ou un moins-perçu ; dans ce cas, l'explication sur l'excédant relate celle portée à la suite de la *balance des recettes avec les crédits.*

Si les états comparatifs n'ont pu être entièrement liquidés avant l'arrêté de la centralisation, les sommes restant à recouvrer ou à payer entrent dans l'explication sur l'excédant, comme à la *balance des dépenses avec les crédits.*

L'explication sur l'excédant de la solde peut se formuler comme il suit, d'une manière générale, pour tous les cas possibles :

L'excédant de recette = le trop-perçu constaté par la revue + les dettes du corps (moins-payés ou imputations trop faibles) — les créances (trop-payés ou imputations trop fortes) ;

Ou :

L'excédant de dépense = le moins-perçu constaté par la revue + les créances (trop-payés ou imputations trop fortes) — les dettes (moins-payés ou imputations trop faibles) (1).

(1) Ces formules seraient nécessairement à renverser dans les cas tout à fait exceptionnels :

1° Où, le décompte de libération faisant ressortir un trop-perçu, la récapitulation comparative accuserait un excédant de dépense, ce qui arriverait si les créances dépassaient le trop-perçu et les dettes ;

2° Où, le corps ayant un moins-perçu, la récapitulation comparative donnerait pour résultat un excédant de recette, ce qui se produirait si les dettes étaient supérieures au moins-perçu augmenté des créances).

SECTION III

DE L'EXCÉDANT DE LA MASSE INDIVIDUELLE

L'excédant de recette doit être égal à l'avoir net de la masse individuelle au dernier jour du trimestre constaté par le relevé général des feuilles de décompte, diminué de la valeur des effets de petit équipement en magasin à la même date, d'après le chapitre 6 du registre des recettes et consommations.

Si la valeur des effets est supérieure à l'avoir net, la récapitulation comparative accuse un excédant de dépense.

Si le corps n'a pas acquitté le prix de tous les effets de petit équipement portés en entrée au registre des recettes de l'habillement; s'il n'a pas remboursé le débet des hommes venus d'autres corps; s'il a porté à l'avoir des hommes des sommes inférieures à celles qu'il a encaissées pour leur compte, ou s'il leur a fait des imputations supérieures à ses dépenses, les différences constituent pour le fonds de la masse individuelle des *dettes* dont le montant doit s'ajouter à l'avoir net dans l'explication de l'excédant.

Par contre, s'il n'a pas reçu le montant de tous les effets de petit équipement qu'il a pu céder à d'autres corps, d'après les inscriptions du registre des consommations; s'il n'a pas été couvert du montant du débet des hommes passés à d'autres corps; s'il a porté à l'avoir des hommes des sommes supérieures à celles qu'il a reçues pour eux, ou s'il leur a fait des imputations inférieures à ses dépenses, les différences constituent pour le fonds de la masse individuelle des *créances* dont le montant est à ajouter à la valeur des effets de petit équipement existant en magasin.

De ce qui précède on peut déduire, pour l'explication de l'excédant de la masse individuelle, trois formules générales, répondant à tous les cas possibles :

L'excédant de recette = l'avoir net + les dettes — (la valeur des effets en magasin + les créances).

Ou :

L'excédant de dépense = la valeur des effets en magasin + les créances — (l'avoir net + les dettes).

Ou :

L'excédant de dépense = la valeur des effets en magasin + (les créances + le débet net) — les dettes.

SECTION IV

DE L'EXCÉDANT DES MASSES D'ENTRETIEN

Les excédants des masses d'entretien ne sont susceptibles d'aucune explication mathématique.

L'excédant de recette exprime simplement les économies réalisées, et l'excédant de dépense, le déficit.

Si la situation s'est modifiée d'une manière sensible depuis la dernière centralisation, la cause en est mentionnée sommairement.

SECTION V

DE L'EXCÉDANT DES FONDS SPÉCIAUX

Les excédants (*qui pour ces fonds ne peuvent être que des excédants de dépense, puisqu'ils ne reçoivent jamais d'avances pour faire face aux dépenses qui leur incombent*) doivent représenter le montant de la créance du corps sur l'État.

En ce qui concerne particulièrement le fonds de l'entretien des armes, l'excédant de dépense comprend, en outre, la valeur des pièces d'armes en magasin au dernier jour du trimestre, d'après le résultat du chapitre 7 du registre des recettes et consommations de l'habillement.

Les explications sur les excédants des fonds spéciaux doivent mentionner l'importance des créances *par exercice.*

SECTION VI

DE L'EXCÉDANT DES FONDS DIVERS

L'excédant de recette ou de dépense doit être égal au résultat de la balance générale faite trimestriellement au *carnet des fonds divers*,

En ce qui concerne spécialement les chapitres ouverts, dans ce carnet, aux boutons d'uniforme, aux pièces de coiffure ou d'équipement, l'excédant de dépense accusé à la balance trimestrielle doit être égal à la valeur des accessoires dont il s'agit, existant en magasin au dernier jour du trimestre, d'après le chapitre 8 du registre des recettes et consommations de l'habillement.

CHAPITRE VII

DE LA SITUATION DES FONDS DE LA PORTION CENTRALE

La situation des fonds de la portion centrale sert de contrôle à la balance faite au registre-journal au jour de l'arrêté de la centralisation par le sous-intendant militaire, et fournit ainsi la preuve de la parfaite corrélation qui doit toujours exister entre le registre-journal et le registre de centralisation.

La partie applicable à la portion centrale de l'excédant de recette ressortant à la récapitulation comparative, augmentée de toutes les recettes inscrites au registre de centralisation, au titre des trimestres postérieurs, et diminuée de toutes les dépenses correspondantes, doit être nécessairement égale au restant en caisse constaté par la balance faite au journal. Si la récapitulation comparative faisait ressortir, pour la portion centrale, un excédant de dépense, les augmentations et diminutions dont il vient d'être question auraient lieu, bien entendu, en sens inverse.

Est-il besoin d'ajouter que l'excédant de la portion centrale qui ressort à la suite de la récapitulation comparative est le résultat de la balance des recettes et des dépenses du trimestre pour cette portion, augmenté ou atténué de l'excédant du trimestre précédent ?

TITRE V

Des Principaux Éléments de la centralisation

CHAPITRE PREMIER

OBSERVATIONS PRÉLIMINAIRES

La solde et la masse individuelle sont, en réalité, les seuls fonds dont la régularisation puisse paraître embarrassante, à cause des opérations multiples et variées qui s'y rattachent. Mais les difficultés qu'on pourrait rencontrer à cet égard seront facilement surmontées par le raisonnement aidé d'une analyse méthodique des opérations.

La solde est régularisée par les *états comparatifs* et la masse individuelle par les *feuilles de décompte*. Le rôle que ces deux éléments sont appelés à jouer est tellemen important, que la centralisation peut être considérée comme faite si l'on peut répondre de leurs résultats.

C'est dans cette pensée que, avant de passer des principes de la centralisation à leur application par des exemples, on croit devoir s'appesantir encore sur les *états comparatifs* et le *relevé général des feuilles de décompte*, et indiquer le moyen de vérification le plus propre à en assurer la rigoureuse exactitude.

CHAPITRE II

DES ÉTATS COMPARATIFS

Ainsi qu'il a été expliqué plus haut (titre III, chapitre III, section V), les allocations comprises dans les revues, à titre de solde, accessoires de solde, gratifications et indemnités diverses, doivent, après avoir été dégagées de la retenue de 2 p. 100, être dépensées intégralement.

Mais comme, par suite des mutations qui surviennent dans le cours du trimestre, il est à peu près impossible que les payements soient en concordance parfaite avec les droits, il est nécessaire, lorsque ceux-ci ont été déterminés, de les rapprocher de ceux-là, et de faire effectuer les remboursements ou les payements complémentaires reconnus nécessaires.

Ce rapprochement est l'objet des *états comparatifs,* qui sont distincts pour les officiers et pour la troupe.

Il n'en est établi qu'un seul pour tous les officiers du corps.

Pour la troupe, il en est établi un par compagnie, escadron ou batterie, dont le résultat est reporté sur un bordereau faisant ressortir le trop-payé ou le moins-payé pour l'ensemble du corps.

Il importe au plus haut degré que la vérification des résultats des états comparatifs soit effectuée d'une manière rigoureuse, car de leur exactitude dépend la marche des opérations de la centralisation, quant au fonds de la solde.

On y procède de la manière suivante (1) :

En ce qui concerne les officiers :

1° Relever sur la revue le montant de la première partie du tableau n° 9 ; en déduire le montant de la retenue de 2 pour 100, indiqué au tableau n° 10, et ajouter à la somme restante les allocations de la troisième et de la quatrième partie qui peuvent concerner les officiers ; le total donnera le premier élément de l'état comparatif : — LE CRÉDIT ;

2° Relever dans le registre de centralisation pour la portion centrale, et dans les extraits du journal pour les autres portions, le montant des feuilles collectives ou individuelles d'émargement; ajouter à ce relevé les payements inscrits, au nom des officiers, dans le tableau des parties prenantes isolées ; diminuer du total les reversements que les officiers auraient pu effectuer à la caisse sur les payements qui leur ont été faits *au titre du trimestre courant*, et qu'indiquera un rapide examen des recettes figurant aux mêmes registres, et on aura le deuxième élément de l'état comparatif: — LES DÉPENSES.

La balance de ces deux éléments devra évidemment donner un résultat égal à celui de l'état comparatif, établi nominativement.

En ce qui concerne la troupe ;

Procéder d'une manière analogue :

Le premier élément — LE CRÉDIT — est représenté par le montant de la deuxième partie du

(1) Un exemple chiffré de cette vérification, avec références à la revue et au registre de centralisation, fait l'objet de l'annexe n° 3, ci-après.

tableau n° 9 des revues, et le deuxième élément — LES DÉPENSES — s'obtiendra par le relevé des bordereaux de prêt et des payements concernant les détachements et les sous-officiers et soldats figurant au tableau des parties prenantes isolées, diminution faite des remboursements ayant donné lieu à des recettes.

Le résultat de la balance devra être identique à celui du bordereau des états comparatifs.

La preuve de l'exactitude des états comparatifs étant faite, le résultat de la *balance des dépenses avec les crédits* et celui de la *récapitulation comparative* pour le fonds de la solde seront assurés, et les *explications de l'excédant* que ces opérations pourront faire ressortir trouvées à l'avance.

Si, en effet, les recettes et les dépenses que comportent les états comparatifs ont été effectuées avant la clôture de la centralisation, il ressortira, à la balance des dépenses avec les crédits, *égalité* entre les dépenses et les crédits (1).

Quant à la récapitulation comparative, elle donnera nécessairement pour le fonds de la solde un excédant de *recette* ou de *dépense* égal au *trop-perçu* ou au *moins-perçu* de la revue; puisque, d'une part, par la liquidation des états comparatifs, ce fonds n'a plus de débiteur ni de créancier parmi les parties prenantes du corps, et que, d'autre part, par suite de la balance des recettes avec les crédits, il est devenu, de tous les fonds alimentés par les revues, le seul débiteur ou créancier du Trésor.

Si quelques *trop-payés* ou *moins-payés* n'ont pu être portés en recette ou en dépense avant la clôture de la centralisation, ils ressortiront en excédant de *dépense* ou de *crédit* à la balance des dépenses avec les crédits.

Dans ce cas, si le décompte de libération accuse un *trop-perçu, l'excédant de recette* de la solde ressortant à la récapitulation comparative dépassera ce trop-perçu, ou lui sera inférieur, d'une somme égale aux moins-payés ou aux trop-payés non portés en dépense ou en recette.

Si, au contraire, le même décompte fait ressortir un *moins-perçu, l'excédant de dépense* de la solde à la récapitulation comparative sera supérieur ou inférieur au moins-perçu, suivant qu'il restera des trop-payés ou des moins-payés à liquider.

(Voir, au surplus, titre IV, chapitre VI, section II, les formules de l'explication de l'excédant du fonds de la solde.)

On voit, par ce qui précède, que de la régularité des états comparatifs dépend le succès de la centralisation, en ce qui concerne le fonds de la solde.

CHAPITRE III

DU RELEVÉ GÉNÉRAL DES FEUILLES DE DÉCOMPTE

Il convient de rappeler, avant tout, que toutes les recettes et toutes les dépenses comprises dans les feuilles de décompte ne sont autres que celles figurant, d'une manière sommaire, soit dans la revue, soit dans les écritures intérieures du corps. La vérification du relevé général de ces feuilles doit donc consister à s'assurer que toutes les recettes et dépenses effectives ou par virement, faites par le corps au titre de la masse individuelle (sauf celles ayant pour objet les achats ou les remboursements d'effets de petit équipement, dont il sera parlé à la fin de ce chapitre), figurent dans ce relevé, à l'exclusion de toutes autres.

On est ainsi conduit à rechercher si le montant des différentes colonnes du relevé général des feuilles de décompte concorde :

(1) Dans l'hypothèse, bien entendu, où l'excédant de la solde au dernier trimestre n'avait d'autre explication que le trop ou le moins-perçu de la revue.

Soit avec les revues (en ce qui concerne les recettes et les dépenses pour premières mises, prime journalière et rectifications des allocations comprises aux mêmes titres dans les revues antérieures);

Soit avec le chapitre 6 du registre des consommations de l'habillement (en ce qui concerne les fournitures d'effets de petit équipement faites par le magasin du corps);

Soit enfin avec les inscriptions du registre-journal (pour toutes les autres recettes et dépenses).

Un simple examen des revues et du registre des consommations suffit pour les vérifications à faire à l'aide de ces documents.

Pour le surplus, il est nécessaire de procéder au dépouillement et au classement par catégorie, suivant l'intitulé des colonnes des feuilles de décompte, des recettes et des dépenses de la masse individuelle, inscrites, tant au registre de centralisation pour la portion centrale que dans les extraits de journal pour les autres portions (1).

Ce dépouillement permet de contrôler le montant des colonnes ci-après du relevé général des feuilles de décompte,

Savoir :

RECETTES	Colonne 9	Versements volontaires.
	— 11	Avoir des hommes venus d'autres corps.
	— 43	Débet des hommes passés à d'autres corps.
DÉPENSES	Colonne 19	Excédant du complet.
	— 20	Avoir des hommes libérés, réformés, etc., étant présents.
	— 22	Débet des hommes venus d'autres corps.
	— 25	Avances en route.
	— 26	Réparations aux effets et armes.
	— 27	Pertes et dégradations au casernement, à la literie, etc.
	— 28	Moins-value d'effets d'habillement, etc.
	— 39	Avoir des hommes passés à d'autres corps.
	— 40	Avoir des hommes qui ont quitté le service étant absents.

Une observation se présente en ce qui concerne les colonnes 11, 22, 39 et 43 : les bulletins de masse établis à l'occasion du passage des hommes à un autre corps ne donnant pas lieu à une dépense pour les avoir et à une recette pour les débets, mais seulement à une dépense ou à une recette égale au résultat de la balance des avoir et des débets, le classement précité paraît impuissant à contrôler le montant de ces quatre colonnes.

Cette difficulté apparente est résolue comme il suit :

Le montant de la colonne 11 du relevé général de la feuille de décompte (avoir venus) est ajouté à celui de la colonne 43 (débets passés); le montant de la colonne 39 (avoir passés) est additionné avec celui de la colonne 22 (débets venus), et les deux totaux sont balancés.

Si le résultat de cette balance est le même que celui de la comparaison des totaux des recettes et des dépenses correspondantes, fournis *par le tableau de dépouillement*, la preuve de l'exactitude du montant des colonnes 11, 22, 39 et 43, *du relevé général des feuilles de décompte* est faite.

En ce qui concerne les colonnes 25 (avances en route) et 26 (réparations aux effets et armes), si leur montant est supérieur aux dépenses de même nature accusées par le tableau de dépouillement, les excédants devront être égaux aux sommes versées par *virement*, aux mêmes titres, de la masse individuelle aux fonds divers.

Il va sans dire que le montant des colonnes 6 et 18 (avoir et débet au premier jour du trimestre)

(1) Un exemple chiffré de la vérification complète du relevé général des feuilles de décompte, avec références, se trouve ci-après et fait l'objet des annexes n°s 4, 5 et 6.

doit être égal à celui des colonnes 35 et 36 du relevé général du trimestre précédent. Si l'on n'a pas à sa disposition ce dernier relevé, on y suppléera au moyen des explications sur l'excédant de la masse individuelle portées à la dernière centralisation : la différence entre le montant des colonnes 6 et 18 doit, en effet, être égale à l'avoir net de la masse individuelle mentionné auxdites explications (1).

Les colonnes 7, 8 (allocations pour prime journalière et premières mises), 29 (remboursement de premières mises) et généralement toutes celles qu'il pourrait être nécessaire d'ouvrir, tant pour les recettes que pour les dépenses, par suite des augmentations ou des diminutions détaillées au tableau n° 8 des revues de liquidation, sont vérifiées au moyen des renseignements fournis par les tableaux nos 9 ou 10 (3e partie) de ces mêmes revues.

Les colonnes 10 et 38, 21 et 42, concernant les mouvements intérieurs, c'est-à-dire les passages d'avoir ou de débets d'une portion du corps (compagnie, escadron ou batterie) à une autre, doivent nécessairement concorder entre elles.

Le montant de la colonne 41 (avoir des hommes morts, etc.) et celui de la colonne 44 (débet, *idem*) se vérifient par le tableau des virements :

L'*avoir* donne lieu, en effet, à une recette à la deuxième portion de la masse générale d'entretien, et à une dépense à la masse individuelle ;

Le *débet*, à une recette à la masse individuelle et à une dépense à la deuxième portion de la masse générale d'entretien.

Les colonnes 12 (ancien avoir des hommes rentrés après leur radiation des contrôles) et 23 (ancien débet, *idem*) se vérifient comme les colonnes 41 et 44, par des virements, mais en sens inverse.

Enfin le montant de la colonne 24 (effets fournis par le magasin du corps) doit être égal à la sortie correspondante figurant au chapitre 6 du registre des recettes et consommations de l'habillement

---

Le dépouillement des recettes et dépenses de la masse individuelle sert, en outre, de contrôle aux inscriptions de ce registre, tant pour les entrées que pour les sorties du chapitre 6.

Le montant des entrées effectives d'effets de petit équipement se vérifie naturellement par les dépenses ayant pour objet le payement de ces effets ; de même que les sorties, autres que celles concernant les distributions faites aux hommes du corps, se vérifient par les recettes classées sous le titre : Remboursements d'effets de petit équipement. Les différences qui pourraient exister entre les recettes et les dépenses, et le montant des entrées et sorties précitées, seraient à introduire dans l'explication sur l'excédant de la masse individuelle.

En ce qui concerne particulièrement les sorties pour distributions aux enfants de troupe au-dessous de l'âge de quatorze ans et aux élèves tambours, donnant lieu à des remboursements au profit de la masse individuelle par d'autres fonds, elles sont contrôlées par le chapitre des virements.

Le relevé général des feuilles de décompte et le chapitre 6 *du registre des recettes et consomma-*

(1) Il pourrait paraître futile ou superflu de pousser la vérification jusque dans les chiffres reportés du dernier trimestre (col. 6 et 18), ou qui se balancent (col. 10 et 38, 21 et 42); l'expérience prouve qu'il n'en est rien ; et, pour son compte, l'auteur a eu *plus d'une fois* l'occasion de reconnaître qu'on passait à côté de l'erreur pour négliger *une seule des colonnes* du relevé général des feuilles de décompte.

tions de l'habillement, ayant été ainsi vérifiés, aucune difficulté ne saurait plus entraver la marche de la centralisation, en ce qui concerne la masse individuelle.

On remarquera (et l'observation en sera bien plus frappante dans les exemples chiffrés qui font l'objet de la deuxième partie de ce travail) que les relevés destinés à servir à la vérification des états comparatifs et du relevé général des feuilles de décompte contiennent tous les renseignements nécessaires pour établir *les balances, les virements et les explications sur les excédants,* en ce qui concerne les fonds de la solde et de la masse individuelle. N'EST-CE PAS DIRE, EN QUELQUE SORTE, *eu égard à la simplicité des opérations relatives aux autres fonds,* QU'UNE FOIS CES RELEVÉS ÉTABLIS, ET COMPARÉS AUX ÉLÉMENTS AUXQUELS ILS SERVENT DE CONTRÔLE, LA CENTRALISATION EST FAITE?

DEUXIÈME PARTIE

APPLICATION DES PRINCIPES

Notes préliminaires

L'expérience prouve, et la chose est d'ailleurs évidente de soi, que le moyen le plus facile et le plus prompt d'arriver à comprendre et à se graver dans l'esprit l'économie des opérations de la Centralisation, est d'en étudier le mécanisme sur un exemple simple, c'est-à-dire dégagé des complications pouvant résulter, soit d'erreurs de revues, soit de reliquats ayant un caractère litigieux. Ce résultat une fois obtenu, il n'est pas de difficultés, si embarrassantes qu'elles paraissent, dont on ne puisse triompher.

Dans cette pensée, nous avons cru devoir nous placer, pour l'exemple qui va suivre, dans l'hypothèse d'un trimestre comportant à peu près tous les cas qui se présentent d'ordinaire, mais entièrement réglé (1).

Est-ce à dire que nous ayons négligé les cas compliqués pouvant causer quelque embarras? Nullement. Seulement, nous en avons fait l'objet d'explications détaillées en regard de chaque tableau, en indiquant les écritures à passer suivant les circonstances. Ces explications, étant rattachées par des chiffres à notre exemple complet de centralisation, constituent, par le fait, un exemple spécial pour chacune des hypothèses où nous nous sommes placé. (*Voir, notamment, les Notes explicatives du tableau des balances.*)

Tous les chiffres comportant des explications sont l'objet d'annotations ou de références aux documents avec lesquels ils ont un rapport direct quelconque, de telle sorte qu'on puisse suivre la centralisation du commencement à la fin, sans rien laisser en chemin d'inexpliqué.

Dans cet ordre d'idées, nous aurions dû peut-être nous arrêter, dans le premier tableau de notre exemple de centralisation (Inscription et Totalisation des recettes et des dépenses), aux recettes et aux dépenses qui nécessitent une explication, comme celles qui concernent des trop-payés ou des moins-payés; mais, afin de laisser aux tableaux de la centralisation leur intégrité et leur forme habituelle, il nous a paru préférable de conduire les opérations, sans désemparer, jusqu'à la *Totalisation des recettes et des dépenses pour l'ensemble du corps,* nous réservant de fournir, immédiatement après ce premier tableau, toutes les explications qu'il nous aura semblé comporter.

Nous avons cru devoir faire précéder ce même tableau de la *Récapitulation comparative du trimestre précédent,* afin qu'on ait, pour les opérations qui comportent ce moyen de contrôle, un point de départ auquel on puisse facilement se reporter.

(1) On n'a pas jugé utile de faire figurer la *Dotation de l'armée* dans cet exemple, cette prestation étant sur le point de disparaître et sa régularisation ne pouvant, d'ailleurs, offrir aucune difficulté.

DISTINCTION DES RECETTES

INDICATION SOMMAIRE des recettes et des dépenses	NUMÉROS des articles au registre journal — recettes	NUMÉROS — dépenses	TOTAUX DES Recettes	TOTAUX DES Dépenses	SOLDE ET MASSES — Solde et accessoires de solde	Masses — Individuelle	Masses générale d'entretien — 1re portion	Masses générale d'entretien — 2e portion	d'entretien du harnachement	FONDS SPÉCIAUX — Habillement	Harnachement	Entretien des armes	Entretien des écoles régimentaires	Infirmeries régimentaires et frais de culte	FONDS DIVERS	Versements de fonds d'une portion du corps à l'autre
RÉCAPITULATION COMPARATIVE des recettes et des dépenses de l'exercice 1873																
Excédant d'après la récapitulation comparative du 4e trimestre 1872			55,549 45	27,868 41	1,122 18	40,870 94	2,400 »	—	4 77	»	»	»	»	»	4,110 06	»
Recettes et Dépenses (Exercice 1873) 1er Trimestre			166,025 86	107,937 44	140,217 24	21,314 22	1,750 »	1,758 83	17 38	»	»	185 77	»	»	832 11	»
2e id.			187,591 43	197,705 30	148,736 47	24,801 71	1,750 »	1,735 25	24 19	»	»	1,180 18	493 50	»	2,245 74	3,324 30
3e id.			267,069 56	165,613 42	151,240 83	28,217 07	1,750 »	2,019 40	32 75	19,212 75	»	94 55	»	»	694 21	3,000 »
4e id.			178,782 76	203,108 »	115,535 38	20,031 04	1,750 »	9,406 48	68 72	»	»	75 78	»	175 68	1,209 07	»
Totaux			794,418 95	7[illegible] 23	563,151 90	135,264 61	9,400 »	15,819 96	147 82	19,212 75	»	1,784 78	493 50	175 68	9,532 90	6,324 30
Report des dépenses			772,507 23		562,060 19	85,448 61	7,633 48	21,726 05	120 52	37,595 86	»	8,211 70	4,610 16	245 28	8,559 52	6,324 30
Excédants des recettes sur les dépenses 52,795 37					1,091 71	49,816 37	1,896 52	»	27 30	»	»	»	»	»	1,033 47	»
Excédants des dép. sur les recettes 31,908 65					»	»	»	5,906 09	»	18,383 11	»	3,132 97	4,116 86	69 60	»	»
EN RÉSUMÉ il y a un excédant de recette de			21,886 72													
Savoir :																
A la portion centrale 8,085 13			somme égale													
Aux bataillons actifs 13,761 59																

DISTINCTION DES DÉPENSES

INDICATION SOMMAIRE	SOLDE ET MASSES — Solde et accessoires de solde	Masses — Individuelle	Masses générale d'entretien — 1re portion	Masses générale d'entretien — 2e portion	d'entretien du harnachement	FONDS SPÉCIAUX — Habillement	Harnachement	Entretien des armes	Entretien des écoles régimentaires	Infirmerie régimentaire et frais de culte	FONDS DIVERS	Versements de fonds d'une portion du corps à l'autre
Excédant d'après la récapitulation comparative du 4e trimestre 1872	»	»	»	3,391 65	»	18,212 75	»	1,850 71	193 10	»	»	»
1er Trimestre	142,021 63	6,041 26	4,033 37	3,612 56	22 19	3,871 18	»	930 72	288 12	106 17	592 19	»
2e id.	147,773 08	21,743 54	832 15	5,412 71	17 80	4,217 13	»	895 31	1,220 48	42 13	4,215 74	3,324 30
3e id.	152,160 56	18,263 93	1,065 17	1,086 19	33 25	3,980 75	»	1,004 46	874 17	64 76	1,113 48	3,000 00
4e id.	120,094 30	45,790 91	1,718 79	4,414 07	47 28	6,314 05	»	1,017 05	1,024 10	32 12	2,718 11	»
Totaux	562,060 19	85,448 61	7,638 18	21,726 05	120 52	37,595 86	»	8,217 35	4,010 56	245 28	8,559 52	6,324 30

EXPLICATIONS SUR LES EXCÉDANTS

Solde et accessoires de solde. — L'excédant de recette sur les dépenses est égal à la somme perçue en trop par le corps, d'après le décompte de libération 1,091 71

Masse individuelle. — Avoir net de la masse au 1er janvier 1874, d'après les feuilles de décompte 80,380 38
A déduire : Le prix des effets de petit équipement en magasin à la même date 30,564 01
Reste égal à l'excédant de recette 49,816 37

Habillement. — Dépenses dont le montant est à ordonnancer par le Ministre au profit du corps, au titre de l'exercice 1873 .... 18,383 11

Entretien des armes. — Prix des pièces d'armes en magasin au 1er janvier 1874 .... 2,333 47
Dépenses dont le montant est à ordonnancer par le Ministre au profit du corps, au titre de l'exercice 1873 .... 1,090 50
Total égal à l'excédant de dépense 3,132 97

Écoles régimentaires.
1° Dépenses de la gymnastique, exercice 1873 .... 113 »
2° — du tir id. 871 83
3° — de la natation id. 75 30
4° — des écoles de tambours et clairons, exercice 1873 .... 128 40
5° — des théories, placards, etc. id. 441 70
6° — des écoles régimentaires du 1er et du 2e degré id. 1,163 50
7° — de l'escrime id. 1,433 15
Total égal à l'excédant de dépense 4,116 88

Infirmeries régimentaires et frais de culte.
1° Infirmerie régimentaire : dépenses dont le montant est à ordonnancer au profit du corps, au titre de l'exercice 1873 .... 69 60
2° Dépenses du culte .... » »
Total égal à l'excédant de dépense 69 60

Fonds divers.

	Excédants de recette	Excédants de dépense
Chapitre 3 Boutons d'uniforme	»	1,525 »
— 5 Pièces de coiffure	»	224 »
— 8 Rations et denrées remboursables	302 29	»
— 9 Bonis des ordinaires	1,040 02	»
— 10 Cautionnement des fournisseurs	850 »	»
	2,192 87	1,749 40
Excédant de recette	1,033 47	

Excédant de recette 1,033 47

CENTRALISATION

INDICATION SOMMAIRE des RECETTES ET DES DÉPENSES	NUMÉROS DES ARTICLES au registre-journal		TOTAUX DES		DISTINCTION DES FONDS — SOLDE ET MASSES					FONDS		
					SOLDE et accessoires de solde	MASSES						
						Individuelle	GÉNÉRALES D'ENTRETIEN		d'entretien du harnachement			
	RECETTES	DÉPENSES	Recettes	Dépenses			1re portion	2e portion		Habillement	Harnachement	Entretien des armes
1er Trimestre 1874												
Solde	1	»	2,052 79	»	2,052 79							
Prêt	»	1	»	1,200 09	»	»	»	»	»	»	»	»
Retenue pour viande fraîche	2	»	495 82	»	»	»	»	»	»	»	»	»
Masse payée	»	2	»	43 64	»	»	»	»	»	»	»	»
Prêt	»	3	»	1,205 85	»	»	»	»	»	»	»	»
Retenue pour viande fraîche	3	»	501 02	»	»	»	»	»	»	»	»	»
Prêt	»	4	»	1,172 35	»	»	»	»	»	»	»	»
Retenue pour viande fraîche	4	»	494 26	»	»	»	»	»	»	»	»	»
Traitement d'un officier	»	5	»	163 32	»	»	»	»	»	»	»	»
Prêt	»	6	»	1,338 99	»	»	»	»	»	»	»	»
Retenue pour viande fraîche	5	»	547 82	»	»	»	»	»	»	»	»	»
Pièces d'armes	»	8	»	322 41	»	»	»	»	»	»	»	»
Frais de caisse et d'emballage	»	9	»	8 40	»	»	»	»	»	»	»	»
Excédant de masse	»	10	»	914 50	»	»	»	»	»	»	»	»
Solde	6	»	2,790 24	»	2,790 24							
Prêt	»	11	»	1,213 43	»	»	»	»	»	»	»	»
Retenue pour viande fraîche	7	»	503 62	»	»	»	»	»	»	»	»	»
Cautionnement	8	»	210 »	»	»	»	»	»	»	»	»	»
Prêt	»	12	»	1,609 69	»	»	»	»	»	»	»	»
Retenue pour viande fraîche	9	»	631 28	»	»	»	»	»	»	»	»	»
Traitement d'un officier	»	15	»	151 90	»	»	»	»	»	»	»	»
Prêt	»	16	»	1,177 18	»	»	»	»	»	»	»	»
Retenue pour viande fraîche	11	»	502 32	»	»	»	»	»	»	»	»	»
Solde et masse	12	»	6,490 78	»	3,554 85	2,602 60	»	333 33	»	»	»	»
Solde	13	»	2,038 88	»	2,038 88							
Traitement des officiers	»	18	»	3,239 63	»	»	»	»	»	»	»	»
Cautionnement	»	19	»	180 »	»	»	»	»	»	»	»	»
Effets de petit équipement	»	24	»	3,175 »	»	»	»	»	»	»	»	»
Prêt	»	25	»	1,238 24	»	»	»	»	»	»	»	»
Retenue pour viande fraîche	15	»	508 82	»	»	»	»	»	»	»	»	»
Masse payée	»	26	»	25 75	»	»	»	»	»	»	»	»
Prêt	»	27	»	1,170 47	»	»	»	»	»	»	»	»
Retenue pour viande fraîche	16	»	494 »	»	»	»	»	»	»	»	»	»
Solde	17	»	2,242 »	»	2,242 »							
Prêt	»	28	»	1,210 42	»	»	»	»	»	»	»	»
Retenue pour viande fraîche	20	»	503 10	»	»	»	»	»	»	»	»	»
Ferrure de chevaux	»	31	»	3 20	»	»	»	»	»	»	»	»
Masses passées	»	32	»	139 97	»	»	»	»	»	»	»	»
Prêt	»	33	»	1,162 88	»	»	»	»	»	»	»	»
Retenue pour viande fraîche	21	»	492 70	»	»	»	»	»	»	»	»	»
Prêt	»	34	»	1,166 48	»	»	»	»	»	»	»	»
Retenue pour viande fraîche	22	»	493 74	»	»	»	»	»	»	»	»	»
Boni d'ordinaire	23	»	130 20	»	»	»	»	»	»	»	»	»
Solde et masses	24	»	5,147 56	»	2,069 86	2,744 37	»	333 33	»	»	»	»
Solde	25	»	2,304 54	»	2,304 54							
Prêt	»	37	»	1,339 62	»	»	»	»	»	»	»	»
Retenue pour viande fraîche	26	»	548 08	»	»	»	»	»	»	»	»	»
Traitement des officiers	»	38	»	3,069 86	»	»	»	»	»	»	»	»
Prêt	»	39	»	1,255 49	»	»	»	»	»	»	»	»
Retenue pour viande fraîche	28	»	511 42	»	»	»	»	»	»	»	»	»
A reporter			30,634 99	28,898 76	17,053 16	5,346 97	»	666 66	»	»	»	»

RECETTES				DISTINCTION DES DÉPENSES												
FONDS SPÉCIAUX		FONDS	Versements de fonds d'une portion de corps à l'autre	SOLDE ET MASSES					FONDS SPÉCIAUX					FONDS	Versements de fond d'une portion de corps à l'autre
				SOLDE et accessoires de solde	MASSES										
						GÉNÉRALE D'ENTRETIEN									
Entretien des écoles régimentaires	Infirmerie régimentaire et frais de culte	DIVERS			Individuelle	1re portion	2e portion	d'entretien du harnachement	Habillement	Harnachement	Entretien des armes	Entretien des écoles régimentaires	Infirmerie régimentaire et frais de culte	DIVERS	
»	»	»	»	1,200 09											
»	»	495 82													
»	»	»	»	»	43 64										
»	»	»	»	1,205 85											
»	»	501 02													
»	»	»	»	1,172 35											
»	»	494 26													
»	»	»	»	163 32											
»	»	»	»	1,338 99											
»	»	547 82													
»	»	»	»	»	»	»	»	»	»	»	322 41				
»	»	»	»	»	»	»	»	»	»	»	8 40				
»	»	»	»	»	914 50										
»	»	»	»	1,213 43											
»	»	503 62													
»	»	210 »													
»	»	»	»	1,609 69											
»	»	631 28													
»	»	»	»	151 90											
»	»	»	»	1,177 18											
»	»	502 32													
»	»	»	»	3,239 63											
»	»	»	»	»	»	»	»	»	»	»	»	»	»	180 »	
»	»	»	»	»	3,175 »										
»	»	»	»	1,238 24											
»	»	508 82													
»	»	»	»	»	25 75										
»	»	»	»	1,170 47											
»	»	494 »													
»	»	»	»	1,210 42											
»	»	503 10													
»	»	»	»	»	»	»	»	3 20							
»	»	»	»	»	139 97										
»	»	»	»	1,162 88											
»	»	492 70													
»	»	»	»	1,166 48											
»	»	493 74													
»	»	130 20													
»	»	»	»	1,339 62											
»	»	548 08													
»	»	»	»	3,069 86											
»	»	»	»	1,255 49											
»	»	511 42													
»	»	7,568 20	»	24,085 89	4,298 86	»	»	3 20	»	»	330 81	»	»	180 »	»

INDICATION SOMMAIRE des recettes et des dépenses	Numéros des articles du registre-journal : Recettes	Numéros : Dépenses	Totaux des Recettes	Totaux des Dépenses	Distinction des recettes — Solde et masses : Solde et accessoires de solde	Recettes — Masses : Individuelle	Recettes — Masses générale d'entretien : 1re portion	Recettes — Masses générale d'entretien : 2e portion	Recettes — Masses : d'entretien du harnachement	Recettes — Fonds spéciaux : Habillement	Recettes — Fonds spéciaux : Harnachement	Recettes — Fonds spéciaux : Entretien des armes	Recettes — Fonds spéciaux : Entretien des écoles régimentaires	Recettes — Fonds spéciaux : Infirmerie régimentaire et frais du culte	Recettes — Fonds divers	Recettes — Versements de fonds d'une portion de corps à l'autre	Distinction des dépenses — Solde et masses : Solde et accessoires de solde	Dépenses — Masses : Individuelle	Dépenses — Masses générale d'entretien : 1re portion	Dépenses — Masses générale d'entretien : 2e portion	Dépenses — Masses : d'entretien du harnachement	Dépenses — Fonds spéciaux : Habillement	Dépenses — Fonds spéciaux : Harnachement	Dépenses — Fonds spéciaux : Entretien des armes	Dépenses — Fonds spéciaux : Entretien des écoles régimentaires	Dépenses — Fonds spéciaux : Infirmerie régimentaire et frais du culte	Dépenses — Fonds divers	Dépenses — Versements de fonds d'une portion de corps à l'autre
Report			30,834 99	28,898 76	17,053 16	5,346 97		606 66							7,568 20		21,085 89	4,298 86			2 20			330 81			180 »	
Envoi de fonds au Conseil éventuel	»	10	»	500 »																								500 »
Masse payée	»	14	»	42 93														47 93										
Prêt	»	45	»	1,083 68													1,083 68											
Retenue pour viande fraîche	29	»	141 74	»											141 74													
Boni d'ordinaire	»	48	»	142 30																							142 30	
Prêt	»	49	»	1,156 98													1,156 98											
Retenue pour viande fraîche	31	»	487 50	»											487 50													
Solde	32	»	2,083 »	»	2,083 »																							
Masses payées	»	50	»	103 31														108 31										
Prêt	»	51	»	1,101 19													1,101 19											
Retenue pour viande fraîche	33	»	493 22	»											493 22													
Prêt	»	52	»	1,422 27													1,422 27											
Retenue pour viande fraîche	34	»	579 02	»											579 02													
Trop payé à un détachement	35	»	7 25	»	7 25																							
Solde et masses	36	»	9,040 41	»	3,060 38	6,237 69		333 34																				
Prêt supplémentaire	»	55	»	144 33													144 33											
Traitement des officiers	»	56	»	4,009 38													4,009 38											
Versements volontaires	41	»	1,640 »	»		1,640 »																						
Prélevt sur la solde des tambours	42	»	47 75	»		47 75																						
Ferrure de chevaux	»	60	»	6 »																	6 »							
Masses passées	»	75	»	41 09														41 09										
Fumiers	48	»	13 50	»					13 50																			
École d'escrime	»	90	»	75 »																					75 »			
Infirmerie régimentaire	»	91	»	2 90																						2 90		
Dépenses de tir	»	92	»	120 10																					120 10			
Entretien du magasin	»	93	»	23 15																23 15								
Écoles régimentaires	61	»	1,580 23	»									[illegible]580 23															
Confections d'habillement	»	121	»	1,768 19																		1,768 19						
Réparations aux effets et armes	»	135	»	350 92														356 92										
Boutons d'uniforme	70	»	859 41	»											859 41													
Pièces de coiffure	71	»	12 60	»											12 60													
Fonds reçus du Conseil d'admon éventl	72	»	3,487 96	»												3,487 96												
Écoles régimtres du 1er et du 2e degré	74	»	1,108 50	»									[illegible]103 50															
Moins value d'effets d'habillement	»	152	»	2 25														2 25										
Écoles régimentaires	»	160	»	58 60																					58 60			
Effets de petit équipement	»	180	»	1,080 »														1,080 »										
Coton pour marquer le linge	»	181	»	54 »																54 »								
Excédent de masse	»	190	»	80 »														80 »										
Entretien des voitures régimentaires	»	195	»	6 90																	6 90							
Dégradations à la literie	»	199	»	13 43														13 43										
Annuaire militaire	»	206	»	7 »																7 »								
Entretien des élèves tambours	»	232	»	14 48																					14 48			
École d'escrime	77	»	1,433 15	»									[illegible]438 15															
Dépenses d'habillement	78	»	18,383 11	»						18,383 11																		
Poudre de pyrèthre	»	237	»	56 »																56 »								
Effets de petit équipement	»	240	»	12,500 »														12,500 »										
Dégradations au casernement	»	244	»	50 44														50 44										
Masses versées	84	»	278 73	»		278 73																						
Dégradons à la literie remboursées	86	»	2 20	»		2 20																						
Masses passées	»	250	»	20 75														20 75										
Galons et épaulettes	»	251	»	3,745 25																		3,745 25						
A reporter			73,360 27	67,437 58	22,212 79	13,553 31	»	1,000 »	13 50	18,383 11	»	[illegible]	[illegible]116 68	»	10,441 60	3,487 96	33,153 72	22,180 98	»	140 15	16 10	5,513 44	»	330 81	268 18	2 90	322 30	500 »

INDICATION SOMMAIRE des RECETTES ET DES DÉPENSES	NUMÉROS DES ARTICLES au registre-journal — Recettes	NUMÉROS — Dépenses	TOTAUX DES Recettes	TOTAUX DES Dépenses	DISTINCTION DES RECETTES — SOLDE ET MASSES — Solde et accessoires de solde	Masses — Individuelle	Masses générales d'entretien — 1re portion	Masses générales d'entretien — 2e portion	d'entretien du harnachement	FONDS SPÉCIAUX — Habillement	Harnachement	Entretien des armes	Entretien des écoles régimentaires	Infirmerie régimentaire et frais du culte	FONDS DIVERS	Versements de fonds d'une portion de corps à l'autre	DISTINCTION DES DÉPENSES — SOLDE ET MASSES — Solde et accessoires de solde	Masses — Individuelle	Masses générales d'entretien — 1re portion	Masses générales d'entretien — 2e portion	d'entretien du harnachement	FONDS SPÉCIAUX — Habillement	Harnachement	Entretien des armes	Entretien des écoles régimentaires	Infirmerie régimentaire et frais du culte	FONDS DIVERS	Versements de fonds d'une portion de corps à l'autre
Report			73,209 27	62,437 58	22,212 78	13,553 84	»	1,000 »	13 50	18,383 11	»	»	4,116 88	»	10,441 69	3,487 96	33,158 72	22,180 98	»	130 15	16 10	5,513 44	»	330 81	268 18	2 90	322 30	500 »
Éclairage des casernes et corridors	»	252	»	112 84	»	»	»	»	»	»	»	»	»	»	»	»	»	»	»	112 84								
Effets de petit équipement	»	261	»	5,316 50	»	»	»	»	»	»	»	»	»	»	»	»	»	5,316 50										
Effets de cuisine	»	262	»	208 14	»	»	»	»	»	»	»	»	»	»	»	»	»	»	»	208 14								
Entretien de l'habillement	»	256	»	223 40	»	»	»	»	»	»	»	»	»	»	»	»	»	»	»	223 40								
Entretien du grand équipement	»	269	»	62 70	»	»	»	»	»	»	»	»	»	»	»	»	»	»	»	62 70								
Masses versées à la caisse des dépôts et consignations	»	275	»	73 01	»	»	»	»	»	»	»	»	»	»	»	»	»	73 01										
Masses vendues	101	»	113 17	»	»	113 17																						
Remboursement d'effets de petit éq.	102	»	36 50	»	»	36 50																						
Dépenses d'infirmerie	107	»	69 60	»	»	»	»	»	»	»	»	»	»	69 60														
Avances en routes	»	289	»	65 62	»	»	»	»	»	»	»	»	»	»	»	»	»	65 62										
Versé au trésor pr journ. d'hôpital	»	289	»	142 40	»	»	»	»	»	»	»	»	»	»	»	»	142 40											
Trop-perçu en subsistance. rectifié	»	296	»	10 »	»	»	»	»	»	»	»	»	»	»	»	»	10 »											
Moins-payé aux officiers	»	297	»	52 60	»	»	»	»	»	»	»	»	»	»	»	»	52 60											
Trop-payé à la troupe	118	»	73 05	»	73 05																							
Trop-perçu en subsistances	119	»	11 10	»	11 10																							
TOTAUX			73,512 69	68,761 22	22,296 94	13,703 01	»	1,000 »	13 50	18,383 11	»	»	4,116 88	69 60	10,441 69	3,487 96	33,358 72	27,645 11	»	806 73	16 10	5,513 44	»	330 81	268 18	2 90	322 30	500 »

PORTIONS DU CORPS (autres que la portion centrale) ET PARTIES PRENANTES ISOLÉES

INDICATION	Recettes	Dépenses	Recettes: Solde	Individuelle	1re portion	2e portion	d'entretien du harnachement	Habillement	Harnachement	Entretien des armes	Entretien des écoles	Infirmerie	Fonds divers	Versements	Dépenses: Solde	Individuelle	1re portion	2e portion	d'entretien du harnachement	Habillement	Harnachement	Entretien des armes	Entretien des écoles	Infirmerie	Fonds divers	Versements
Bataillons actifs au camp de Châlons	130,343 12	133,435 02	92,012 37	6,413 33	1,750 »	246 66	37 50	»	»	188 14	»	»	29,565 12	500 »	119,400 67	6,068 02	1,359 54	355 89	15 60	»	»	870 65	300 89	13 55	1,562 25	3,487 96
Détachement de jeunes soldats du département des Côtes-du-Nord (solde du 8 au 10 janvier)	198 »	198 »	198 »	»	»	»	»	»	»	»	»	»	»	»	198 »											
Idem du département de la Lozère (solde du 9 au 10 janvier)	68 20	68 20	68 20	»	»	»	»	»	»	»	»	»	»	»	68 20											
Idem du département du Cantal (solde du 9 au 10 janvier)	148 50	148 50	148 50	»	»	»	»	»	»	»	»	»	»	»	148 50											
Détachement dirigé sur le camp de Châlons (du 14 au 23 mars)	181 07	181 07	181 07	»	»	»	»	»	»	»	»	»	»	»	181 07											
Lefevre, sergent de recrutement, à Montbrison (solde du 20 février au 31 mars)	41 60	41 60	31 20	»	»	»	»	»	»	»	»	»	10 40	»	41 60											
M. Leloup, lieutenant-colonel (solde de congé du 26 octobre 1873 au 19 mars 1874)	1,107 36	1,107 36	1,107 36	»	»	»	»	»	»	»	»	»	»	»	1,107 36											
M. Bertrand, capitaine de recrutement à Mende (solde du trimestre)	802 35	802 35	802 35	»	»	»	»	»	»	»	»	»	»	»	802 35											
M. Foucher, lieutenant de recrutement à Blois (solde du trimestre)	543 75	543 75	543 75	»	»	»	»	»	»	»	»	»	»	»	543 75											
M. Vidal, capitaine aux bureaux arabes (solde du trim. et gratification d'entrée en campagne)	1,498 »	1,498 »	1,498 »	»	»	»	»	»	»	»	»	»	»	»	1,498 »											
TOTAUX	130,391 95	138,084 85	96,680 80	6,413 33	1,750 »	246 66	37 50	»	»	188 14	»	»	29,575 52	500 »	124,040 50	6,068 02	1,359 54	355 89	15 60	»	»	870 65	300 89	13 55	1,562 25	3,487 96
Report des totaux concernant la portion centrale	73,512 69	68,761 22	22,296 94	13,703 01	»	1,000 »	13 50	18,383 11	»	»	4,116 88	69 60	10,441 69	3,487 96	33,358 72	27,645 11	»	806 73	16 10	5,513 44	»	330 81	268 18	2 90	322 30	500 »
TOTAUX pour l'ensemble du corps	203,904 64	206,846 14	118,977 74	20,116 34	1,750 »	1,246 66	51 »	18,383 11	»	188 14	4,116 88	69 60	40,017 21	3,987 96	157,408 22	33,713 13	1,359 54	1,162 62	31 70	5,513 44	»	1,201 46	569 07	16 45	1,884 55	3,987 96

NOTES EXPLICATIVES

Ainsi qu'il a été expliqué dans la première partie de ce travail, les recettes et les dépenses courantes de la solde, qu'on peut appeler *absolues*, n'étant que rarement, à cause des mutations, en concordance avec les allocations, sont régularisées en fin de trimestre par les états comparatifs ; il n'y a donc, au point de vue du moins de la centralisation proprement dite, de contrôle à exercer que sur les recettes et dépenses *relatives*, c'est-à-dire celles qui, étant la conséquence de l'établissement des états comparatifs, sont subordonnées aux résultats des revues. Ces dernières doivent, avant leur inscription, être l'objet d'une vérification rigoureuse, car de leur exactitude dépend la bonne marche de la centralisation.

Il convient donc, avant d'aller plus loin, de vérifier les chiffres des recettes nos 118 et 119 et des dépenses nos 296 et 297.

La recette n° 119 de 11 fr. 10 est la conséquence de l'imputation au décompte de libération de la valeur du trop-perçu en subsistances.

La dépense n° 296 de 10 fr. est justifiée par l'augmentation de crédit de pareille somme faite au même décompte.

Quant à la recette n° 118, de 73 fr. 05, pour trop-payé à titre de prêt, et à la dépense n° 297, de 52 fr. 60, pour moins-payé aux officiers, leur justification est établie par l'état spécial ci-après (annexe n° 3).

Cet état contenant une référence avec les recettes et les dépenses, tant du dépôt que des bataillons actifs, il a paru indispensable, pour l'intelligence des opérations, de présenter en détail, dans un tableau spécial, les recettes et les dépenses de ces bataillons, qui sont inscrites en un seul article à la centralisation.

Pour des motifs analogues, et afin de faire toucher du doigt tous les chiffres des différents tableaux de la centralisation restant à établir, on a cru devoir, au préalable, présenter dans des états annexes les divers éléments qui s'y réfèrent.

Ces états annexes, sont au nombre de 6;

Savoir :

1° **Extrait du Registre-Journal du Conseil éventuel,** *présentant la classification des recettes et des dépenses par nature de fonds;*

2° **Extrait des revues de liquidation ;**

3° **Relevé des dépenses de la solde** *et leur comparaison avec les crédits,* **pour servir à la vérification des Etats comparatifs ;**

4° **Relevé général des feuilles de décompte ;**

5° **Tableau de classement des recettes et des dépenses de la masse individuelle, pour servir à la vérification du relevé général des feuilles de décompte ;**

6° **Extrait (chapitre 6) du Registre des recettes et consommations du service de l'habillement.**

ANNEXE N° 1

EXTRAIT DU REGISTRE-JOURNAL DES BATAILLONS ACTIFS.

EXTRAIT DU REGISTRE-JOURNAL DES BATAILLONS ACTIFS

DISTINCTION DES RECETTES

INDICATION SOMMAIRE des RECETTES ET DES DÉPENSES	NUMÉROS des articles au registre-journal : Recettes	NUMÉROS : Dépenses	TOTAUX des Recettes	TOTAUX des Dépenses	SOLDE ET MASSES : Solde et accessoires de solde	Masses : Individuelle	Masses générale d'entretien : 1re portion	Masses générale d'entretien : 2e portion	Masse d'entretien du harnachement	FONDS SPÉCIAUX : Habillement	Harnachement	Entretien des armes	Entretien des écoles régimentaires	Infirmerie régimentaire et frais du culte	FONDS divers	Versements de fonds d'une portion de corps à l'autre
Solde	1	»	7,200 15	»	7,200 15											
Prêt	»	1	»	4,030 15	»	»	»	»	»	»	»	»	»	»	»	»
Retenue pour viande fraîche	2	»	1,482 »	»	»	»	»	»	»	»	»	»	»	»	1,482 »	»
Prêt	»	2	»	3,771 71	»	»	»	»	»	»	»	»	»	»	»	»
Retenue pour viande fraîche	3	»	1,455 71	»	»	»	»	»	»	»	»	»	»	»	1,455 71	»
Frais éventuels du chef de corps	»	3	»	125 »	»	»	»	»	»	»	»	»	»	»	»	»
Traitement d'un officier	»	4	»	118 78	»	»	»	»	»	»	»	»	»	»	»	»
Prêt	»	5	»	4,808 70	»	»	»	»	»	»	»	»	»	»	»	»
Retenue pour viande fraîche	4	»	1,441 48	»	»	»	»	»	»	»	»	»	»	»	1,442 48	
Solde	5	»	6,846 65	»	6,846 65											
Prêt	»	6	»	3,819 12	»	»	»	»	»	»	»	»	»	»	»	»
Retenue pour viande fraîche	6	»	1,451 66	»	»	»	»	»	»	»	»	»	»	»	1,451 66	
Traitement d'un officier	»	8	»	341 89	»	»	»	»	»	»	»	»	»	»	»	»
Prêt	»	9	»	3,879 40	»	»	»	»	»	»	»	»	»	»	»	»
Retenue pour viande fraîche	7	»	1,445 08	»	»	»	»	»	»	»	»	»	»	»	1,445 08	
Prêt	»	11	»	4,161 92	»	»	»	»	»	»	»	»	»	»	»	»
Retenue pour viande fraîche	8	»	1,791 66	»	»	»	»	»	»	»	»	»	»	»	1,791 66	
Entretien de l'infirmerie	»	13	»	13 55	»	»	»	»	»	»	»	»	»	»	»	»
École de tir	»	14	»	118 »	»	»	»	»	»	»	»	»	»	»	»	»
Solde et masses	9	»	18,236 80	»	16,512 90	1,760 57	583 33	80 »								
Solde	10	»	9,158 95	»	9,158 95											
Prêt	»	18	»	3,795 45	»	»	»	»	»	»	»	»	»	»	»	»
Retenue pour viande fraîche	11	»	1,460 94	»	»	»	»	»	»	»	»	»	»	»	1,460 94	
École régimentre du 1er et du 2e degré	»	19	»	142 »	»	»	»	»	»	»	»	»	»	»	»	»
Masse venue	12	»	24 29	»	»	24 29										
Traitement des officiers	»	20	»	13,448 43	»	»	»	»	»	»	»	»	»	»	»	»
Prime des musiciens	»	21	»	372 60	»	»	»	»	»	»	»	»	»	»	»	»
Réparations aux instr. de musique	»	22	»	129 35	»	»	»	»	»	»	»	»	»	»	»	»
Masse payée	»	23	»	27 84	»	»	»	»	»	»	»	»	»	»	»	»
Excédant de masse	»	24	»	3,485 10	»	»	»	»	»	»	»	»	»	»	»	»
École d'escrime	»	25	»	40 89	»	»	»	»	»	»	»	»	»	»	»	»
Éclairage des escaliers et corridors	»	26	»	149 80	»	»	»	»	»	»	»	»	»	»	»	»
Prêt	»	27	»	4,029 95	»	»	»	»	»	»	»	»	»	»	»	»
Retenue pour viande fraîche	13	»	1,921 40	»	»	»	»	»	»	»	»	»	»	»	1,921 40	
Prêt	»	28	»	4,503 03	»	»	»	»	»	»	»	»	»	»	»	»
Retenue pour viande fraîche	14	»	1,895 26	»	»	»	»	»	»	»	»	»	»	»	1,895 26	
Solde	15	»	8,792 28	»	8,792 28											
Prêt	»	31	»	4,462 67	»	»	»	»	»	»	»	»	»	»	»	»
Retenue pour viande fraîche	17	»	1,874 34	»	»	»	»	»	»	»	»	»	»	»	1,874 34	
Prêt	»	32	»	4,120 36	»	»	»	»	»	»	»	»	»	»	»	»
Retenue pour viande fraîche	18	»	1,744 60	»	»	»	»	»	»	»	»	»	»	»	1,744 60	
Cautionnements des fournisseurs	»	33	»	670 »	»	»	»	»	»	»	»	»	»	»	»	»
Entretien du magasin	»	34	»	39 80	»	»	»	»	»	»	»	»	»	»	»	»
Prêt	»	35	»	3,427 82	»	»	»	»	»	»	»	»	»	»	»	»
Retenue pour viande fraîche	19	»	1,321 06	»	»	»	»	»	»	»	»	»	»	»	1,321 06	
Solde et masses	20	»	17,438 88	»	14,995 55	1,780 »	583 33	80 »								
Solde	21	»	10,768 04	»	10,768 04											
Prêt	»	36	»	4,814 95	»	»	»	»	»	»	»	»	»	»	»	»
Retenue pour viande fraîche	22	»	1,685 81	»	»	»	»	»	»	»	»	»	»	»	1,685 81	
A reporter			100,140 50	72,381 80	74,274 52	3,564 86	1,166 66	160 »	»	»	»	»	»	»	20,974 46	»

DISTINCTION DES DÉPENSES

INDICATION SOMMAIRE des RECETTES ET DES DÉPENSES	SOLDE ET MASSES : Solde et accessoires de solde	Masses : Individuelle	Masses générale d'entretien : 1re portion	Masses générale d'entretien : 2e portion	Masse d'entretien du harnachement	FONDS SPÉCIAUX : Habillement	Harnachement	Entretien des armes	Entretien des écoles régimentaires	Infirmerie régimentaire et frais du culte	FONDS divers	Versements de fonds d'une portion de corps à l'autre
Solde												
Prêt	4,009 45											
Retenue pour viande fraîche												
Prêt	3,775 71											
Retenue pour viande fraîche												
Frais éventuels du chef de corps	»	»	»	125 »								
Traitement d'un officier	118 78											
Prêt	3,808 70											
Retenue pour viande fraîche												
Solde												
Prêt	3,819 12											
Retenue pour viande fraîche												
Traitement d'un officier	341 89											
Prêt	3,829 40											
Retenue pour viande fraîche												
Prêt	4,161 92											
Retenue pour viande fraîche												
Entretien de l'infirmerie	»	»	»	»	»	»	»	»	»	13 55		
École de tir	»	»	»	»	»	»	»	»	118 »			
Solde et masses												
Solde												
Prêt	3,795 45											
Retenue pour viande fraîche												
École régimentre du 1er et du 2e degré	»	»	»	»	»	»	»	»	142 »			
Masse venue												
Traitement des officiers	13,448 43											
Prime des musiciens	»	»	372 60									
Réparations aux instr. de musique	»	»	129 35									
Masse payée	»	27 84										
Excédant de masse	»	3,485 10										
École d'escrime	»	»	»	»	»	»	»	»	40 89			
Éclairage des escaliers et corridors	»	»	»	149 80								
Prêt	4,029 95											
Retenue pour viande fraîche												
Prêt	4,503 03											
Retenue pour viande fraîche												
Solde												
Prêt	4,462 67											
Retenue pour viande fraîche												
Prêt	4,120 36											
Retenue pour viande fraîche												
Cautionnements des fournisseurs	»	»	»	»	»	»	»	»	»	»	670 »	
Entretien du magasin	»	»	»	39 80								
Prêt	3,427 82											
Retenue pour viande fraîche												
Solde et masses												
Solde												
Prêt	4,814 95											
Retenue pour viande fraîche												
A reporter	67,067 93	3,512 94	601 95	314 60	»	»	»	»	»	300 89	13 55	670 »	»

EXTRAIT DU REGISTRE-JOURNAL DES BATAILLONS ACTIFS (SUITE)

INDICATION SOMMAIRE des recettes et des dépenses	Numéros des articles au registre-journal : Recettes	Numéros des articles au registre-journal : Dépenses	Totaux des : Recettes	Totaux des : Dépenses	DISTINCTION DES RECETTES — Solde et masses : Solde et accessoires de solde	Masses : Individuelle	Masses générales d'entretien : 1re portion	Masses générales d'entretien : 2e portion	d'entretien du harnachement	Fonds spéciaux : Habillement	Harnachement	Entretien des armes
Report	......	......	100,140 50	72,381 86	71,271 52	3,564 86	1,166 56	160 »	»	»	»	»
Traitement des officiers	»	37	»	13,284 71	»	»	»	»	»	»	»	»
Prime des musiciens	»	38	»	378 14	»	»	»	»	»	»	»	»
Masse passée	»	39	»	440 78	»	»	»	»	»	»	»	»
Prêt	»	40	»	4,782 56	»	»	»	»	»	»	»	»
Retenue pour viande fraîche	23	»	1,634 86	»	»	»	»	»	»	»	»	»
Cautionnement des fournisseurs	24	»	780 »	»	»	»	»	»	»	»	»	»
Envoi de fonds au Conseil éventuel	»	41	»	3,487 96	»	»	»	»	»	»	»	»
Prêt	»	42	»	4,258 58	»	»	»	»	»	»	»	»
Retenue pour viande fraîche	25	»	1,628 28	»	»	»	»	»	»	»	»	»
Masse payée	»	43	»	32 54	»	»	»	»	»	»	»	»
Solde	26	»	7,033 46	»	7,033 46							
Couverture de petits bidons	»	44	»	41 29	»	»	»	»	»	»	»	»
Prêt	»	45	»	4,204 48	»	»	»	»	»	»	»	»
Retenue pour viande fraîche	27	»	1,509 82	»	»	»	»	»	»	»	»	»
Reçu du Conseil central	28	»	500 »	»	»	»	»	»	»	»	»	»
Excédent de masse	»	46	»	6 75	»	»	»	»	»	»	»	»
Prêt	»	47	»	4,031 49	»	»	»	»	»	»	»	»
Retenue pour viande fraîche	29	»	1,520 22	»	»	»	»	»	»	»	»	»
Prêt	»	48	»	6,985 14	»	»	»	»	»	»	»	»
Retenue pour viande fraîche	30	»	1,017 46	»	»	»	»	»	»	»	»	»
Vivres remboursables	»	49	»	892 75	»	»	»	»	»	»	»	»
Solde et masses	31	»	13,148 86	»	10,734 39	1,744 47	583 34	86 66				
Traitement des officiers	»	50	»	14,238 75	»	»	»	»	»	»	»	»
Prime des musiciens	»	51	»	383 »	»	»	»	»	»	»	»	»
Prime du travail du chef armurier	»	52	»	101 92	»	»	»	»	»	»	»	»
Versements volontaires	32	»	940 15	»	»	940 15						
Prélèvement de la solde des tambours	33	»	163 85	»	»	163 85						
Réparation d'effets et armes	»	60	»	886 88	»	»	»	»	»	»	»	»
Remboursement de pièces d'armes	38	»	188 14	»	»	»	»	»	»	»	»	188 14
Vente de fumiers	39	»	37 50	»	»	»	»	»	37 50			
Réparation aux instr. de musique	»	65	»	96 45	»	»	»	»	»	»	»	»
Ferrure de chevaux et médicaments	»	66	»	15 60	»	»	»	»	»	»	»	»
Entretien des armes	»	69	»	768 73	»	»	»	»	»	»	»	»
Moins-value d'effets d'habillement	»	75	»	86 47	»	»	»	»	»	»	»	»
Idem .... de campement	»	76	»	44 10	»	»	»	»	»	»	»	»
Masse passée	»	79	»	35 09	»	»	»	»	»	»	»	»
Dégradations à la literie	»	90	»	883 92	»	»	»	»	»	»	»	»
Idem .... au casernement	»	95	»	138 55								
TOTAUX			130,343 12	133,?26 02	92,042 37	6,413 33	1,750 »	246 66	37 50	»	»	488 14

INDICATION SOMMAIRE des recettes et des dépenses	RECETTES (suite) — Fonds spéciaux : Entretien des écoles régimentaires	Infirmerie régimentaire et frais du culte	Fonds communs	Versements de fonds d'une portion de corps à l'autre	DISTINCTION DES DÉPENSES — Solde et masses : Solde et accessoires de solde	Masses : Individuelle	Masses générales d'entretien : 1re portion	Masses générales d'entretien : 2e portion	d'entretien du harnachement	Fonds spéciaux : Habillement	Harnachement	Entretien des armes	Entretien des écoles régimentaires	Infirmerie régimentaire et frais du culte	Fonds communs	Versements de fonds d'une portion de corps à l'autre
Report	»	»	20,974 46	»	67,067 18	3,512 94	501 96	314 60	»	»	»	»	300 89	13 56	670 »	»
Traitement des officiers	»	»	»	»	13,284 71											
Prime des musiciens	»	»	»	»	»	»	378 14									
Masse passée	»	»	»	»	»	440 78										
Prêt	»	»	»	»	4,782 56											
Retenue pour viande fraîche	»	»	1,634 86													
Cautionnement des fournisseurs	»	»	780 »													
Envoi de fonds au Conseil éventuel	»	»	»	»	»	»	»	»	»	»	»	»	»	»	»	3,487 96
Prêt	»	»	»	»	4,258 58											
Retenue pour viande fraîche	»	»	1,628 28													
Masse payée	»	»	»	»	»	32 54										
Solde																
Couverture de petits bidons	»	»	»	»	»	»	»	41 29								
Prêt	»	»	»	»	4,204 48											
Retenue pour viande fraîche	»	»	1,509 82													
Reçu du Conseil central	»	»	»	500 »												
Excédent de masse	»	»	»	»	»	6 75										
Prêt	»	»	»	»	4,031 49											
Retenue pour viande fraîche	»	»	1,520 22													
Prêt	»	»	»	»	6,985 14											
Retenue pour viande fraîche	»	»	1,017 46													
Vivres remboursables	»	»	»	»	»	»	»	»	»	»	»	»	»	»	892 75	
Solde et masses																
Traitement des officiers	»	»	»	»	14,238 75											
Prime des musiciens	»	»	»	»	»	»	383 »									
Prime du travail du chef armurier	»	»	»	»	»	»	»	»	»	»	»	101 92				
Versements volontaires																
Prélèvement de la solde des tambours																
Réparation d'effets et armes	»	»	»	»	»	886 88										
Remboursement de pièces d'armes																
Vente de fumiers																
Réparation aux instr. de musique	»	»	»	»	»	»	96 45									
Ferrure de chevaux et médicaments	»	»	»	»	»	»	»	»	15 60							
Entretien des armes	»	»	»	»	»	»	»	»	»	»	»	768 73				
Moins-value d'effets d'habillement	»	»	»	»	»	86 47										
Idem .... de campement	»	»	»	»	»	44 10										
Masse passée	»	»	»	»	»	35 09										
Dégradations à la literie	»	»	»	»	»	883 92										
Idem .... au casernement	»	»	»	»	»	138 55										
TOTAUX	»	»	20,565 12	500 »	119,406 67	6,068 02	1,350 54	355 89	15 60	»	»	870 65	300 89	13 58	1,562 25	3,487 96

TABLEAU N° 9. — *Relevé général des décomptes des allocations en deniers portés sur les feuilles de journées*

DÉSIGNATION des compagnies, Escadrons, Batteries ou Détachements	1re Partie — Officiers: § 1er Solde et suppléments de solde	§ 2 Accessoires de solde: Pour frais de représentation	de logement et d'ameublement	Pour frais de bureau	extraordinaire en rassemblement	en complément de vivres	2e Partie — Troupe: § 1er Solde et supplément de solde	§ 2 Accessoires de solde: Haute paye journalière d'ancienneté	Indemnités: en route	rations de fourrages en marche	20
(REVUE DE L'INTÉRIEUR)											
Totaux	47,026 84	375 »	3,820 87	1,055 »	3,523 13	»	94,429 46	3,333 80	119 »	3,105 34	»
A augmenter	»	»	»	»	»	»	27 18	»	»	»	»
Totaux	47,026 84	375 »	3,820 87	1,055 »	3,523 13	»	94,456 64	3,333 80	119 »	3,105 34	»
A diminuer	33 33	»	15 »	»	»	»	»	»	»	»	»
Il reste	46,993 51	375 »	3,805 87	1,055 »	3,523 13	»	94,456 64	3,333 80	119 »	3,105 34	»
Totaux par partie	55,752 51						101,014 78				
(REVUE DE L'ALGÉRIE)											
Il reste	740 »	»	98 »	»	»	74 80	»	»	»	»	»
Totaux par partie	912 80						»				

DÉSIGNATION	3e Partie — Abonnements, Masses: Générale d'entretien	Individuelle: Première mise de petit équipement	Prime journalière d'entretien	d'entretien du harnachement et ferrage et d'entretien des équipages régimentaires	4e Partie — Gratifications et indemnités extraordinaires résultant du pied de guerre: Gratification d'entrée en campagne	Indemnités pour pertes: d'effets	de chevaux	TOTAL du décompte par compagnie, escadron ou batterie
(REVUE DE L'INTÉRIEUR)								
Totaux	3,000 »	2,320 »	18,173 43	53 21	»	»	»	180,335 08
A augmenter	»	»	24 50	»	»	»	»	51 68
Totaux	3,000 »	2,320 »	18,197 93	53 21	»	»	»	180,386 76
A diminuer	»	6 93	»	»	»	»	»	54 36
Il reste	3,000 »	2,313 07	18,197 93	53 21	»	»	»	
Totaux par partie	23,565 11				»			180,332 40
(REVUE DE L'ALGÉRIE)								
Il reste	»	»	»	»	600 »	»	»	
Totaux par partie	»				600 »			1,512 80

TABLEAU N° 10. — RÉCAPITULATION

(REVUE DE L'INTÉRIEUR)

Crédit égal au résultat du tableau n° 9		180,332 40
Division de cette somme :		
Crédit du corps	179,385 03	somme égale
Crédit du Trésor formé de la retenue de 2 % sur les sommes portées au tableau n° 9 { col. 1 ..... 939 87 ; col. 2 ..... 7 50 } Total 947 37	947 37	

(REVUE DE L'ALGÉRIE)

Crédit général égal au résultat du tableau n° 9		1,512 80
Division de cette somme :		
Crédit du corps	1,498 »	somme égale
Crédit du trésor (2 % sur la col. 1)	14 80	

TABLEAU N° 12. — 1re PARTIE. — *Décompte de libération en deniers*

CRÉDIT	Montant du crédit du corps: Intérieur	Armée d'Algérie	NOTES EXPLICATIVES
1° Sommes allouées par les revues	179,385 03	1,498 »	
2° Rectifications d'erreurs commises dans les décomptes de libération des revues précédentes : Revue du 3e trimestre 1873. — Erreur dans le décompte de 190 rations de pain perçues en trop, lesquelles, au prix de 0,225 l'une, donnent 27 fr. au lieu de 37 fr., qui ont été imputés, suivant feuille de rectification de M. N... intendant militaire	10 »	»	Cette augmentation, qui a donné lieu à la dépense n° 198, doit entrer dans le crédit à comparer aux dépenses (Voir p. 22).
3° Augmentations diverses	»	»	
4° Moins-perçu d'après le décompte de libération de la revue du 4e trimestre 1873	»	»	
Totaux généraux du crédit	179,395 03	1,498 »	

DÉBIT	Montant du débit du corps: Intérieur	Armée d'Algérie	NOTES EXPLICATIVES
1° Sommes payées au corps sur mandats des ordonnateurs secondaires	137,254 70 (a)	1,498 »	(a) On n'a pas cru utile de donner le détail de cette somme. On fait toutefois remarquer que le sergent Lefebvre, qui figure en dépense aux parties prenantes isolées pour la somme de 41 fr. 60, n'est employé dans la somme ci-contre que pour 31 fr. 20. Cette dernière somme est, en effet, celle qu'il a perçue réellement après imputation de celle de 10 fr. 40 pour viande fraîche, laquelle figure en recette aux fonds divers.
2° Rectifications d'erreurs commises dans les décomptes de libération des revues précédentes	»	»	
3° Imputations diverses	»	»	
4° Trop-perçu d'après le décompte de libération de la revue du 4e trimestre 1873	1,091 71	»	
5° Fournitures, pertes ou dégradations diverses, etc : Valeur de 140,250 rations de viande fraîche, fournies par l'admon et imputables au prix de 0,25 la ration. { Dépôt ..... 9,220 48 ; Bataillons actifs ..... 28,785 12 ; Lefebvre, sergent à Montbrison ..... 10 40 }	38,025 »	»	Ces imputations ne donnent pas lieu à des versées à la caisse devant être ajoutées aux recettes, dans la balance des dépenses avec les crédits. (Voir page 81).
Valeur de 40 rations de pain perçues en trop	11 10	»	Voir la recette n° 189.
Totaux généraux du débit	176,382 51	1,498 »	
Report des totaux généraux du crédit	179,395 03	1,498 »	
Partant, il a été perçu { en moins	3,012 52	»	
Partant, il a été perçu { en trop	»	»	

1er Trimestre 1874

(Annexe N° 3)

OFFICIERS. — L'état comparatif fait ressortir un moins payé de 52 fr. 60 qui a donné lieu à la dépense n° 297, ci.................... 52 fr. 60.
TROUPE. — Le bordereau des états comparatifs se balance par un trop-payé de 73 fr. 05 qui a donné lieu à la recette n° 118, ci.............. 73 fr. 05.

DÉPENSES

OFFICIERS

Feuilles d'émargement — Numéros — Portion centrale	Numéros — Portions détachées	Montant — Portion centrale	Montant — Portions détachées	Remboursements — Numéros	Remboursements — Montant
5	4	160 42	118 78	»	»
13	8	151 90	311 89	»	»
18	20	2,230 63	13,449 43	»	»
38	37	3,003 86	13,284 74	»	»
56	50	4,069 38	14,236 75	»	»
289	»	141 40	»	»	»
Totaux..		10,836 49	41,402 59		»
		52,239 08			

PARTIES PRENANTES ISOLÉES	
M. Leloup, lieut.-col.	1,107 36
M. Bertrand, capit.	864 45
M. Foucher, lieut.	543 75
M. Vidal, capitaine	1,498 »
Total des dépenses	56,250 54
Remboursements	»
Reste à comparer aux crédits	56,250 54

Nota. — On n'a mentionné ici les numéros des dépenses et des recettes que pour en indiquer la référence au registre de centralisation; mais, dans la pratique, ce renseignement peut être négligé sans inconvénient.

TROUPE

Bordereaux de prêt — Numéro — Portion centrale	Numéro — Portions détachées	Montant — Portion centrale	Montant — Portions détachées	Remboursements — Numéros	Remboursements — Montant	Retenues à titre de remboursement de viande fraîche dont le montant figure en recette aux fonds divers (pour mémoire) — Numéros — Portion centrale	Numéros — Portions détachées	Montant — Portion centrale	Montant — Portions détachées
1	1	1,200 09	4,030 15	35	7 25	2	2	396 82	1,462 »
3	2	1,206 85	3,755 74	»	»	3	3	461 07	1,455 74
4	5	1,172 39	3,808 70	»	»	4	4	394 29	1,442 48
6	6	1,338 90	3,819 12	»	»	5	6	547 82	1,451 06
11	9	1,213 44	3,820 40	»	»	7	7	503 02	1,145 08
17	11	1,600 09	4,161 97	»	»	9	8	631 28	1,791 66
16	18	1,117 18	3,796 45	»	»	11	11	502 32	1,400 94
25	27	1,238 24	4,029 95	»	»	15	13	508 87	1,921 40
27	28	1,170 47	4,500 63	»	»	16	14	494 »	1,898 26
29	31	1,210 42	4,462 57	»	»	20	17	503 10	1,674 34
33	32	1,102 88	4,120 36	»	»	21	18	492 70	1,744 60
34	35	1,166 48	3,427 82	»	»	22	19	493 74	1,321 46
37	38	1,339 62	4,814 95	»	»	26	22	548 08	1,681 85
39	40	1,255 49	3,782 56	»	»	28	23	541 42	1,635 58
45	42	1,084 68	4,258 58	»	»	29	25	441 74	1,528 28
49	45	1,156 98	4,201 48	»	»	31	27	487 20	1,500 82
51	47	1,191 19	3,831 49	»	»	33	29	495 22	1,580 22
52	48	1,472 27	6,935 14	»	»	34	30	879 02	1,617 46
55	»	141 33	»	»	»	»	»	»	»
Totaux..		22,459 65	77,998 06		7 25	Totaux..		9,229 48	28,785 12
		100,457 71						38,014 60	

PARTIES PRENANTES ISOLÉES			
Détachem^t en route	198 »	....	»
id.	58 20	....	»
id.	148 50	....	»
id.	181 07	....	»
Lefèvre, sergent de recrutement	4 60	....	10 40
Total des dépenses	101,095 08 (a)	Total des retenues	38,025 »
Remboursements	7 25	Montant de l'imputation faite au même titre au décompte de libération (Annexe n° 2)	38,025 »
Reste à comparer aux crédits	101,087 83	Les retenues concordent avec l'imputation	»

CRÉDITS (Tableau n° 9 des revues)

DÉSIGNATION DES REVUES	OFFICIERS — 1re partie — Somme brute	1re partie — Retenue de 2 %	1re partie — Somme nette	4e partie — Gratifications résultant du pied de guerre	TROUPE — 2e partie	ABONNEMENTS 3e partie — Masse individuelle	Masse générale d'entretien — 1re Portion	Masse générale d'entretien — 2e Portion	Masse d'entretien du harnachement	TOTAL
Intérieur	55,752 51	917 37	54,865 14	»	101,014 78	20,511 90	1,750 »	1,250 »	53 21	179,885 03
Armée d'Algérie	912 60	14 60	898 »	600 »	»	»	»	»	»	1,498 »
			55,763 14	600 »						
Totaux			56,363 14		101,014 78	20,511 90	1,750 »	1,250 »	53 21	180,883 03
			157,377 92				3,000 »			

BALANCE

	OFFICIERS	TROUPE
DÉPENSES	56,250 54	101,087 83
CRÉDITS	56,303 14	101,014 78
Partant il a été payé — en trop	»	73 05
Partant il a été payé — en moins	52 60	»

Sommes égales aux résultats des états comparatifs.

(a) Il n'est pas indispensable de faire le relevé des bordereaux de prêt pour connaître le montant des payements concernant la troupe. Il suffit de déduire du total général des dépenses de la solde, pour l'ensemble du corps, le montant des feuilles d'émargement ressortant au tableau ci-contre ainsi que les autres dépenses étrangères au prêt. La différence représentera nécessairement la somme payée à titre de prêt.

EXEMPLE :

Le Total des dépenses effectives de la solde est de		157,408 22
A Déduire :		
1° Celles concernant les officiers, lesquelles s'élèvent d'après le relevé ci-contre, à	56,250 54	56,313 14
2° La dépense n° 297, de 52 60, résultant de l'état comparatif des officiers, ci	52 60	
3° La dépense n° 296, de 10 » nécessitée par l'augmentation de pareille somme figurant au crédit dans le décompte de libération, ci	10 »	
Reste pour les dépenses concernant la troupe (chiffre égal à celui ci-contre (a))		101,095 08

RELEVÉ GÉNÉRAL DES FEUILLES DE DÉCOMPTE

DÉSIGNATION des portions de corps	NOMBRE de journées allouées, etc. à ... cent	à ... cent	RECETTES: Report de l'avoir au 1er jour du trimestre	Produit des journées à ... cent	à ... cent	1re mise et supplément	Versements volontaires ou obligatoires	Avoir des hommes venus d'autres portions du corps	Avoir des hommes venus d'autres corps	Anciens avoirs des hommes rentrés, etc.	Vente parties remplacées	Valeur des effets en mauvais état	Restitution des revues	Total	Report du débet au 1er jour du trimestre	Payé comptant aux hommes présents: L'excédant du compte	Allocations en produits ...
	5		6	7		8	9	10	11	12	13	14	15	17	18	19	20
Ét.-m. et c. h.-rang, 1er bat., 1re comp., etc.																	
Totaux...			81,052 06	18,173 43		2,340 »	2,701 75	6,151 80	280 61	»	»	»	24 50	110,794 24	671 68	4,486 35	276 01

DÉSIGNATION des portions de corps	DÉPENSES: Débet à la masse des hommes venus d'autres portions du corps	Débet des hommes venus d'autres corps	Anciens avoirs des hommes rentrés	Imputations: Effets fournis par le magasin	Avances en route	Réparations aux effets et armes	Dégradations au casernement, à la literie, etc.	Moins-value des effets	Restitution des revues			Total	SITUATION DE LA MASSE — Au dernier jour du trimestre: Avoir	Débet	Excédant du compte	Au jour de la radiation du contrôle des hommes — Avoir des hommes: passés à d'autres portions du corps	passés à d'autres corps	libérés étant absents	désertés, morts, etc.	Débet des hommes: passés à d'autres portions du corps	passés à d'autres corps	désertés, morts, etc.
	21	22	23	24	25	26	27	28	29	30	33	34	35	36	37	38	39	40	41	42	43	44
Ét.-m. et c. h.-rang, 1er bat., 1re comp., etc.																						
Totaux...	206 88	58 53	»	17,030 13	78 52	1,243 80	1,084 14	132 82	6 03	»	»	25,340 99				6,151 80	646 99	73 01	176 21	206 88	103 42	224 50
																7,048 10				654 80		

NOTES EXPLICATIVES

Tous les totaux du présent relevé sont à vérifier, sans exception.—Cette vérification s'opère à l'aide de la revue générale de liquidation, du chapitre 6 du registre des recettes et consommations et des inscriptions concernant la masse individuelle faites au registre de centralisation. lesdites inscriptions ayant été préalablement relevées et classées par nature, dans un tableau conforme au spécimen ci-dessous (annexe n° 5).

Colonnes 5 et 18, 81,052 06 — 671 68 = 80,380 38, chiffre qui est bien le montant de l'avoir net de la masse individuelle figurant à l'explication sur l'excédent de cette masse dans la dernière centralisation (page 35.)

Colonnes (10 et 38) (21 et 42) concordent entre elles.

Colonnes 7, 8, 15 et 20. Les chiffres sont fournis par le tableau n° 9 des revues de liquidation. (Voir l'annexe n° 2.)

Colonnes 9, 19, 20, 25, 26, 27, 28 et 40 — Les chiffres concordent avec ceux du tableau de classement ci-dessous, sauf en qui concerne les colonnes 25 et 27.
A l'égard de la colonne 25, remarquer que la somme de 13 fr., imputée aux hommes en sus des dépenses accusées par le tableau de classement, a été versée aux fonds divers. (Virement numéroté 2.)
En ce qui concerne la colonne 27, remarquer que la somme de 1,084 14, imputée aux hommes, est la différence entre le montant des dépenses pour dégradations (1,086 34) et celui des recettes au même titre (2,20).

NOTES EXPLICATIVES (suite)

Colonne 11, — 22, — 30, — 43:

Colonne 11 (avoir venus) s'ajoutant à colonne 43 (débets passés) 280 61 + 103 42 = ci ..... 444 03 } Différence 261 49 (excédt de dépense)

Colonne 22 (débets venus) s'ajoutant à colonne 39 (avoir passés) 58 53 + 646 99 = ci 705 52

D'après le tableau de classement ci-dessous (voir chap. III, titre V, 1re partie): Recettes à titre de masses venues ... 416 19; Dépenses à titre de masses passées ... 677 68 } Différence égale

Colonne 24.— Le chiffre est en concordance avec le chapitre 6 du registre des recettes et consommations de l'habillement, dont extrait est ci-après (annexe n° 6).

Colonne 41 et 44.— Le montant de ces colonnes fait l'objet des virements numérotés 3 et 4.

SITUATION DE LA MASSE INDIVIDUELLE POUR L'ENSEMBLE DU CORPS

Le montant des recettes (col. 17) est de ..... 110,794 24 }
A ajouter le débet des hommes rayés des contrôles (col. 42 à 44) ..... 654 80 } 111,449 04

Le montant des dépenses (col. 34) est de ..... 25,340 99 }
A ajouter l'avoir des hommes rayés des contrôles (col. 38 à 41) ..... 7,048 10 } 32,389 09

Avoir net de la masse au 1er avril 1874 .. 79,059 95

1er Trimestre 1874

RELEVÉ et classement des recettes et dépenses de la masse individuelle pour servir à la vérification du Relevé général des feuilles de décompte.

(Annexe N° 5)

DÉSIGNATION des portions du corps	RECETTES: Versements volontaires n°s	Sommes	Masses venues d'autres corps n°s	Sommes	Remboursements d'effets n°s	Sommes	Remboursements divers n°s	Sommes	Provenant d'ordonnancements n°s	Sommes	Excédant du compte n°s	Sommes	Payé aux hommes ... n°s	Sommes	Avances en route n°s	Sommes	Réparations d'effets et armes n°s	Sommes
Portion centrale	41	1,040 »	84	274 73	102	36 50	86	2 20	12	2,002 60	19	914 50	2	43 01	188	65 02	135	350 92
	42	47 75	104	118 17					24	2,744 87	190	90 »	20	25 75				
									36	6,237 60			44	42 93				
													50	103 31				
Bataillons actifs	32	940 15	12	24 29					9	1,760 57	24	3,485 10	23	27 64			60	886 88
	33	163 85							20	1,760 »	40	6 75	12	32 54				
									31	1,744 47								
Totaux		2,191 75		416 19		36 50		2 20										
Total des recettes dites intérieures : 3,246 64										16,249 70		4,486 35		276 01		65 02		1,243 80
								20,116 34										

DÉPENSES: Dégradations au casernement ou à la literie n°s	Sommes	Moins-values des effets n°s	Sommes	Masses passées d'autres corps n°s	Sommes	Envoyé aux hommes libérés étant absents n°s	Sommes	Achat d'effets de petit équipement n°s	Sommes
198	13 48	152	2 25	32	139 97	275	73 01	24	3,175 »
241	50 44			75	41 09			180	4,080 »
				250	20 75			250	12,500 »
								291	5,316 50
90	883 92	75	86 47	39	440 78				
95	138 55	76	44 10	79	35 09				
	1,086 34		132 82		677 68		73 01		25,671 50
33,713 15									

NOTES EXPLICATIVES

Indépendamment de l'usage qui en est fait pour la vérification du *Relevé général des feuilles de décompte* le présent tableau fournit les renseignements nécessaires pour la *Balance des recettes avec les crédits*, en ce qui concerne la masse individuelle, puisqu'on y trouve les recettes intérieures à déduire du total des recettes.

Il sert également de point de contrôle au *chapitre 6 du Registre des recettes et consommations du service de l'habillement*.

Il permet, en effet, de reconnaître si les cessions d'effets à d'autres corps ont été remboursées et si tous les achats effectués ont été soldés.

On n'a indiqué les numéros des recettes et des dépenses que pour les références ; il va sans dire que, dans la pratique, ils sont à négliger.

EXTRAIT DES REGISTRES DES RECETTES ET CONSOMMATIONS DE L'HABILLEMENT

CHAPITRE 6. — *EFFETS DE PETIT ÉQUIPEMENT*

PORTION CENTRALE

RECETTES

DATES	NUMÉROS	DÉTAIL DES RECETTES	DÉSIGNATION DES EFFETS	VALEUR des effets	NOTES EXPLICATIVES
1er janvier 1874.	»	Reste en magasin		22,362 28	
20 id.	1	Reçu du maître cordonnier du régiment		3,175 »	A donné lieu à la dépense, n° 94.
31 id.	2	Reçu du magasin central de Lyon		1,680 »	Id. n° 139.
5 février 1874.	3	Reçu des sieurs Long et Cie		12,500 »	Id. n° 140.
10 id.	4	Reçu du magasin de Montpellier		5,316 50	Id. n° 151.
25 mars 1874.	5	Reçu du sieur Dammas		3,380 »	Non payé à la clôture de la centralisation et figurant aux explications sur l'excédent de la masse individuelle.
		Totaux		51,413 78	
		Report des consommations		18,545 20	
		Il reste en magasin au 1er avril 1874		32,868 58	Voir la récapitulation ci-dessous.

CONSOMMATIONS

DATES	NUMÉROS	DÉTAIL DES CONSOMMATIONS	DÉSIGNATION DES EFFETS	VALEUR des effets	NOTES EXPLICATIVES
7 février 1874.	1	Envoyé aux bataillons actifs		11,655 33	Consommation d'ordre. Voir au compte des bat. actifs la recette d'ordre correspondante.
26 février id.	2	Fourni à l'assort. de commis aux écritures		26 50	A donné lieu à la recette n° 102.
31 mars id.	3	Distribué aux compagnies		6,822 17	Voir la récapitulation ci-dessous.
31 mars id.	4	Distribués aux élèves tambours		6 10	Id. id.
31 mars id.	5	Distribué aux enfants de troupe au-dessous de 14 ans		25 10	Remboursé à la masse individuelle par le virement numéroté 5.
		Totaux		18,545 20	

BATAILLONS ACTIFS

RECETTES

DATES	NUMÉROS	DÉTAIL DES RECETTES	DÉSIGNATION DES EFFETS	VALEUR des effets	NOTES EXPLICATIVES
1er janvier 1874.	»	Resté en magasin		8,201 13	
2 février id.	1	Reçu des bataillons actifs		11,655 33	Recette d'ordre égale à la consommation correspondante de la portion centrale.
		Totaux		19,857 46	
		Report des consommations		10,221 18	
		Il reste en magasin au 1er avril 1874		9,635 88	Voir la récapitulation ci-dessous.

CONSOMMATIONS

DATES	NUMÉROS	DÉTAIL DES CONSOMMATIONS	DÉSIGNATION DES EFFETS	VALEUR des effets	NOTES EXPLICATIVES
31 mars 1874.	1	Distribué aux élèves tambours		7 22	Voir la récapitulation ci-dessous.
31 id.	2	Distribué aux compagnies		10,213 96	Id.
		Totaux		10,221 18	

RÉCAPITULATION

Valeur des effets restant en magasin au 1er avril 1874	Dépôt	32,868 58	42,501 40	Chiffre égal à celui figurant aux explications de l'excédent de la masse individuelle.
	Bataillons actifs	9,635 88		
Valeur des effets distribués aux compagnies	Dépôt	6,822 17	17,036 13	Somme égale au montant de la colonne 24 du relevé général des feuilles de décompte.
	Bataillons actifs	10,213 96		
Valeur des effets distribués aux élèves tambours	Dépôt	6 10	13 32	Remboursé à la masse individuelle par le virement numéroté 6.
	Bataillons actifs	7 22		

Nous reprenons maintenant les opérations proprement dites de la Centralisation, dont tous les éléments sont fournis par les annexes ci-dessus et d'autre part.

BALANCE

INDICATION SOMMAIRE des RECETTES ET DES DÉPENSES	TOTAUX DES Recettes	TOTAUX DES Dépenses	DISTINCTION DES RECETTES – SOLDE ET MASSES – Solde et accessoires de solde	Masses – Individuelle	Masses générales d'entretien – 1re portion	Masses générales d'entretien – 2e portion	Masse d'entretien du harnachement	DISTINCTION DES DÉPENSES – SOLDE ET MASSES – Solde et accessoires de solde
BALANCE DES RECETTES ET DÉPENSES AVEC LES CRÉDITS								
Les recettes pour solde, accessoires de solde et masses, et les dépenses pour solde et accessoires de solde, sont de (Voir pages 40 et 41)..	142,141 71	....	118,977 74	20,116 34	1,750 »	1,246 66	51 »	157,408 92
A ajouter aux recettes (a): Les imputations portées au décompte de libération qui n'ont pas donné lieu à des recettes à la solde, savoir : Valeur des rations de viande fraîche fournies par l'Administration ...... 38,025 » ; Trop-perçu d'après la revue du 4e tr. 1873 1,091 71	39,116 71	....	39,116 71	»	»	»	»	
TOTAUX.....	181,258 42	....	158,094 45	20,116 34	1,750 »	1,246 66	51 »	
A déduire des recettes (b): Celles qui ont une autre origine que les ordonnancements ou imputations détaillées au décompte de libération, savoir : Remboursement d'un trop-payé à un détachement (c)... 7 25 ; Remboursement du trop-payé pour prêt (c)... 73 05 — 80 30 ; Versement volontaire à la masse individuelle (d)..... 2,791 75 ; Masses venues d'autres corps (d) 416 19 ; Remboursements pour valeur d'effets de petit équipement cédés et pour tout autre motif au profit de la masse individuelle (d)... 38 70 — 3,246 64 ; Produit de la vente des fumiers (dont 37 50 aux bataillons actifs) (e)..... 51 »	3,377 94	....	80 30	3,246 64	»	»	51 »	
A déduire des dépenses (f): Trop-payé à un détachement (remboursé) 7 25 ; id. pour prêt (remboursé)...... 73 05	....	....	....	....	....	....	....	80 30
RESTE à comparer aux crédits..........	177,880 51	....	158,014 15	16,869 70	1,750 »	1,246 66	»	157,327 92
CRÉDITS.. Pour la portion du corps dans l'intérieur : D'après la revue de liquidat. (g)	179,385 03	....	155,819 92	20,511 90	1,750 »	1,250 »	53 21	155,819 92
Augmentation portée au décompte de libération.....	10 »	....	10 »	»	»	»	»	(h) 10 »
ENSEMBLE..........	179,395 03	....	155,829 92	20,511 90	1,750 »	1,250 »	53 21	155,829 92
Pour la portion du corps à l'armée d'Algérie : D'après la revue de liquidat. (g)	1,498 »	....	1,498 »	»	»	»	»	1,498 »
Augmentation portée au décompte de libération.....	»	....	»	»	»	»	»	»
ENSEMBLE..........	1,498 »	....	1,498 »	»	»	»	»	1,498 »
TOTAUX pour tout le corps.......	180,893 03	....	157,327 92	20,511 90	1,750 »	1,250 »	53 21	157,327 92
PARTANT : Les crédits excèdent les recettes de (i).	3,012 52							
Somme égale à celle qui résulte de la comparaison des excédants particuliers aux différents fonds ; SAVOIR : Trop-perçus (j)........	606 23	....	606 23	»	»	»	»	
Moins-perçus (j)........	3,638 75	....	»	3,642 20	»	3 34	53 21	
Les dépenses sont égales aux crédits	....	....	....	....	....	....	....	»

(Colonnes « Fonds spéciaux » des recettes et des dépenses : Habillement, Harnachement, Entretien des armes, Entretien des écoles régimentaires, Infirmerie régimentaire et frais de culte, Fonds divers, Versements du fonds d'une portion de corps à l'autre.)

(a) Les motifs de cette augmentation sont expliqués à la page 21. — (b) Les motifs de cette diminution sont expliqués à la page 22. — (c) Ces sommes font l'objet des recettes nos 35 et 118; la retenue en est fournie, du reste, par l'annexe no 5. Remarquer qu'on ne déduit pas la recette no 119 de 11 10, celle-ci ayant en effet pour origine une imputation détaillée au décompte de libération. — (d) Ces chiffres sont fournis par l'annexe no 5. — (e) Recettes no 48 (dépôt) 13 50 et no 38 (bataillons actifs) 37 50 : Ensemble 51. — (f) Les motifs de cette diminution sont expliqués à la page 23. — (g) Ces chiffres sont ceux du tableau no 9 des revues (moins la retenue de 2 %). Ils sont d'ailleurs fournis, dépouillés de cette retenue, par l'annexe no 2. — (h) Les motifs de cette augmentation sont expliqués à la page 23. Ne pas perdre de vue que, si toutes les augmentations portées dans le décompte de libération sont à ajouter aux crédits proprement dits, dans la balance des recettes avec les crédits, il n'en est pas de même, pour la balance des dépenses avec les crédits. (Voir, à ce sujet, les indications contenues dans les sections I et II du chapitre III du titre IV. — (i) Chiffre égal au moins-perçu, d'après le décompte de libération. — (j) Les trop et moins-perçus par les masses font l'objet du virement numéroté 1.

NOTES EXPLICATIVES

Pour les raisons indiquées dans les notes préliminaires de la 2e partie de ce travail, notre exemple de centralisation repose sur l'hypothèse d'une liquidation complète des dépenses de la solde, tant pour le trimestre auquel il est afférent que pour le précédent. Pour faciliter l'application des principes exposés dans la 1re partie, notamment à l'endroit des balances et des explications sur les excédants, nous avons pensé qu'il ne serait pas sans intérêt d'avoir sous les yeux un exemple chiffré des opérations à faire dans le cas où les trop ou moins-payés n'auraient pas été liquidés avant la clôture des centralisations.

Étant donné les deux cas suivants :

1er Cas. — Il serait resté à liquider au titre du 4e trimestre 1873 les trop et moins-payés ci-après, lesquels auraient fait l'objet de recettes et de dépenses dans le 1er trimestre 1874 (les dépenses de la solde de ce dernier ayant été liquidées); savoir :

Moins-payé à la troupe.... 15 ; — Trop-payé aux officiers.... 24 » — Trop-perçu en vivres..... 8 »

Par suite, l'excédant de recette du fonds de la solde s'élevant à 1091 71, au lieu d'être la représentation pure et simple du trop-perçu de la revue (voir à la récapitulation comparative, page 33), aurait été expliqué de la manière suivante :

Le corps redoit, d'après le décompte de libération..............................	1108 71
A AJOUTER le moins-payé aux officiers, non soldé..............................	15 »
TOTAL........	1123 71
A DÉDUIRE : Le trop payé à la troupe, non remboursé (24 ») + Le trop-perçu en vivres (8 ») = ...	32 »
DIFFÉRENCE égale à l'excédant de recette..........	1091 71

2e Cas. — Les dépenses de la solde du 4e trimestre 1873 ayant été complètement liquidées, celles du 1er trimestre 1874 ne l'auraient pas été, c'est-à-dire que la dépense no 207 de 32 00 (moins-payé aux officiers) et la recette no 118 de 73 05 (trop-payé à la troupe) n'auraient pas été effectuées.

Voici comment les opérations de la centralisation devraient être conduites et quels en seraient les résultats dans chacun de ces cas :

BALANCE DES RECETTES ET DÉPENSES AVEC LES CRÉDITS	1er cas (Trop et moins-payés du 4e trimestre 1873 liquidés dans le 1er trimestre 1874. Trop et moins-payés de ce dernier trimestre liquidés) – Recettes totales	1er cas – Recettes de la solde	1er cas – Dépenses de la solde	2e cas (Trimestre précédent liquidé. Trop et moins-payés du 1er trimestre 1874 non liquidés) – Recettes totales	2e cas – Recettes de la solde	2e cas – Dépenses de la solde
Report des totaux pour l'ensemble du corps (mêmes chiffres que ci-contre, modifiés dans le sens des hypothèses ci-dessus, c'est-à-dire) : 1er cas : recettes + 32 », dépenses + 15 »	142,173 71	119,009 74	157,423 92			
2e cas : recettes — 73 05, dépenses — 32 00				142,068 66	118,904 69	157,328 92
A ajouter aux recettes : Valeur des rations de viande fraîche, etc....... 38,025 » ; Trop-perçu d'après la revue du 4e trim. 1er cas. 1,108 71 ; 2e cas.. 1,091 71	39,133 71	39,133 71	»	39,116 71	39,116 71	»
TOTAUX..........	181,307 42	158,143 45	157,423 92	181,185 40	158,021 40	157,328 92
A déduire des recettes : (1er cas / 2e cas) Remboursement d'un trop-payé à un détachement (trim. courant) 7 25 / 7 25 ; Remboursement d'un trop-payé à la troupe (trim. courant)...... 73 05 / » ; Remboursement d'un trop-payé aux officiers (trim. précédent)... 24 » / » ; Remboursement d'un trop-perçu en vivres (trim. précédent)...... 8 » / » — 112 30 / 7 25 ; Recettes intérieures des masses 3,297 61 (voir ci-contre)	3,409 91	112 30	....	3,304 86	7 25	....
A déduire des dépenses : (1er cas / 2e cas) Remboursement pour trop-payé à un détachement (trim. courant). 7 25 / 7 25 ; Remboursement pour trop-payé à la troupe (trim. courant)...... 73 05 / » ; Dépense pour moins-payé à la troupe (trim. précédent)..... 15 » / » — 95 30 / 7 25	....	....	95 30	....	....	7 25
RESTE à comparer aux crédits........	177,897 51	158,031 15	157,327 92	177,880 51	158,014 15	157,348 37
CRÉDITS.. D'après les revues (intér. et Algérie) 180,883 03 ; Augmentation portée au décompte de libération.......... 10 »	180,893 03	157,327 92	157,327 92	180,893 03	157,327 92	157,327 92
PARTANT : Les crédits excèdent les dépenses de......	2,995 52	....	....	3,012 52	....	....
Les dépenses excèdent les crédits......	....	....	....	....	....	20 45
Les dépenses sont égales aux crédits......	....	....	»	....	....	....
Les virements ne se trouvant pas modifiés, en ce qui concerne la solde, la RÉCAPITULATION COMPARATIVE, pour ce fonds seulement, s'établirait comme il suit :						
Report de l'excédant, d'après la récapitulation comparative du 4e trimestre 1873........	....	1,108 71	»	....	1,091 71	»
Recettes et dépenses (1er trim. 1874) effectives........	....	119,009 74	157,423 92	....	118,904 69	157,328 92
Recettes et dépenses (1er trim. 1874) par virements......	....	38,025 »	3,698 75	....	38,025 »	3,698 75
TOTAUX........	....	158,143 45	161,121 97	....	158,021 40	161,027 37
Report des dépenses........	....	161,121 97	....	....	161,027 37	....
EXCÉDANT des dépenses sur les recettes........	....	2,993 52	....	....	3,005 97	....

Pour la fin des présentes notes voir à la page suivante.

DISTINCTION DES RECETTES

INDICATION SOMMAIRE des RECETTES ET DES DÉPENSES	NUMÉROS des articles au registre-journal (Recettes)	NUMÉROS (Dépenses)	TOTAUX DES Recettes	TOTAUX DES Dépenses	SOLDE ET MASSES: Solde et accessoires de solde	MASSES: Individuelle	Générale d'entretien: 1re portion	Générale d'entretien: 2e portion	d'entretien du harnachement	FONDS SPÉCIAUX: Habillement	Harnachement	Entretien des armes	Entretien des écoles régimentaires	Infirmerie régimentaire et frais de culte	FONDS DIVERS	Versements de fonds d'une portion du corps à l'autre
VIREMENTS																
(1) Moins-perçu par les masses, remboursé pour la solde			3,698 75	3,698 75	»	3,642 20	»	3 34	53 21	»	»	»	»	»	»	»
(2) Avances en route dont les mandats ne sont pas parvenus, versées au fonds divers			13 »	13 »	»	»	»	»	»	»	»	»	»	»	13 »	»
(3) Avoir à la masse des hommes morts, etc., versé à la masse générale d'entretien			176 21	176 21	»	»	»	176 21	»	»	»	»	»	»	»	»
(4) Débet des hommes morts, etc., remboursé par la masse générale d'entretien			224 50	224 50	»	224 50	»	»	»	»	»	»	»	»	»	»
(5) Valeur des effets de petit équipement délivrés aux enfants de troupe, remboursée à la masse individuelle par la masse générale d'entretien			25 10	25 10	»	25 10	»	»	»	»	»	»	»	»	»	»
(6) Id. aux élèves tambours, remboursée par le fonds des écoles			13 32	13 32	»	13 32	»	»	»	»	»	»	»	»	»	»
(7) Imputation dans la revue des fournitures de viande fraîche, remboursée à la solde par les fonds divers			38,025 »	38,025 »	38,025 »	»	»	»	»	»	»	»	»	»	»	»
TOTAUX			42,175 88	42,175 88	38,025 »	3,905 12	»	179 55	53 21	»	»	»	»	»	13 »	»

DISTINCTION DES DÉPENSES

INDICATION SOMMAIRE des RECETTES ET DES DÉPENSES	SOLDE ET MASSES: Solde et accessoires de solde	MASSES: Individuelle	Générales d'entretien: 1re portion	Générales d'entretien: 2e portion	d'entretien du harnachement	FONDS SPÉCIAUX: Habillement	Harnachement	Entretien des armes	Entretien des écoles régimentaires	Infirmerie régimentaire et frais de culte	FONDS DIVERS	Versements de fonds d'une portion de corps à l'autre
VIREMENTS												
(1)	3,698 75											
(2)	»	13 »										
(3)	»	176 21										
(4)	»	»	»	224 50								
(5)	»	»	»	25 10								
(6)	»	»	»	»	»	»	»	»	13 32			
(7)	»	»	»	»	»	»	»	»	»	»	38,025 »	
TOTAUX	3,698 75	189 21	»	249 60	»	»	»	»	13 32	»	38,025 »	»

(Suite des NOTES EXPLICATIVES *des Balances)*

Les résultats d'autre part sont en tous points corrects. En effet,

Dans le 1er Cas :

1° La balance des recettes avec les crédits et la récapitulation comparative font ressortir, la première, un excédant de crédit, la deuxième, un excédant de dépense, égal au moins-perçu de la revue. (On remarquera que le trop-perçu de la revue du 1er trimestre 1874, qui, dans notre exemple, s'élève à 3,012 32, se trouve réduit 12,995 32 par suite de l'augmentation de 17 fr. (1,091 71 = 1,108 71 — 17 ») faite au trop-perçu du trimestre précédent) ;

2° La balance des dépenses avec les crédits se termine par néant (tous les états comparatifs ayant été liquidés à l'époque de la clôture de la centralisation du 1er trimestre 1874).

Dans le 2e Cas :

1° La balance des recettes avec les crédits fait ressortir un excédant de crédit égal au moins-perçu de la revue ;

2° La balance des dépenses avec les crédits accuse un excédant de dépense de 20 45, qui est bien la différence entre le trop-payé à la troupe et le moins-payé aux officiers (73 05 — 52 60 = 20 45) ;

3° L'excédant de dépense constaté par la récapitulation comparative est supérieur de cette même somme de 20 45 au moins-perçu de la revue, et s'expliquerait ainsi :

Il revient au corps d'après le décompte de libération	3,012 32
(Remarquer que, dans le 2e cas, le moins-perçu de la revue reste le même que dans notre exemple de centralisation, puisque nous nous plaçons dans l'hypothèse de la liquidation complète des dépenses de la solde du 4e trimestre 1873 et que le trop-perçu de ce trimestre, soit 1,091 71, a été reporté dans la revue du 1er trimestre 1874).	
A AJOUTER le trop-payé à la troupe	73 05
TOTAL	3,085 37
A DÉDUIRE le moins-payé aux officiers	52 60
RESTE égal à l'excédant de dépense	3,032 97

NOTES EXPLICATIVES

Le 1er virement, 3,698 75, est motivé par la balance des recettes avec les crédits.

Le 2e — 13, est le résultat de la comparaison du montant de la colonne 25 du relevé général des feuilles de décompte et de celui de la colonne correspondante du tableau de classement des recettes et dépenses de la masse individuelle.

Le 3e — 176 21, est égal au montant de la colonne 41 du relevé général des feuilles de décompte.

Le 4e — 224 50, id. 44 id.

Le 5e — 52 10, et le 6e, 13 32, sont motivés par les sorties inscrites sous les nos 9 et 10, pour la portion centrale, et 2, pour les bataillons actifs, au chapitre 6 du registre des recettes et consommations de l'habillement (*voir annexe no 5*).

Le 7e — 38,025 » est nécessaire à la fois pour couvrir la solde de l'imputation qu'elle a subie, et pour débarrasser les fonds divers du dépôt qu'ils ont reçu en conformité de la Circulaire ministérielle du 28 novembre 1873 (*voir annexes nos 2 et 3*).

INDICATION SOMMAIRE des RECETTES ET DES DÉPENSES		NUMÉROS DES ARTICLES AU registre-journal: Recettes	Dépenses	TOTAUX DES Recettes	TOTAUX DES Dépenses	DISTINCTION DES RECETTES — SOLDE ET MASSES: Solde et accessoires de solde	Masses: Individuelle	Générale d'entretien: 1re portion	2e portion	d'entretien du harnachement	FONDS SPÉCIAUX: Habillement	Harnachement	Entretien des armes	Entretien des écoles régimentaires	Infirmerie régimentaire et frais du culte	FONDS divers	Versements de fonds d'une portion de corps à l'autre
RÉCAPITULATION COMPARATIVE DES RECETTES ET DÉPENSES																	
Report des excédants d'après la récapitulation comparative du 4e trimestre 1873				33,705 37	31,934 55	1,091 71	49,816 37	1,926 52	»	27 30	»	»	»	»	»	1,033 47	»
Recettes et Dépenses (1er trimestre 1874)	Effectives			208,991 64	206,848 14	118,977 74	29,116 21	1,750 »	1,246 66	51 »	18,383 11	»	188 14	4,116 85	69 60	40,017 21	3,987 96
	Par virements			42,175 88	42,175 88	38,025 »	3,905 12	»	179 55	53 91	»	»	»	»	»	13 »	»
Totaux				304,875 89	280,962 67	158,094 45	78,837 83	3,576 52	1,426 21	131 51	18,383 11	»	188 14	4,116 85	69 60	41,063 68	3,987 96
Report des dépenses				280,962 67	......	161,106 97	38,902 34	1,359 54	7,348 31	31 70	23,896 55	»	4,638 43	4,899 27	86 05	39,909 55	3,987 96
Excédants	des rec. sur les dépenses. 43,400 41			......	......	»	39,935 49	2,216 98	»	99 81	»	»	»	»	»	1,154 13	»
	des dép. sur les recettes.. 19,493 19			......	......	3,012 52	»	»	5,922 10	»	5,513 44	»	4,446 29	582 39	16 45	»	»
EN RÉSUMÉ, il y a un excédant de recette de				23,913 72													
Savoir : À la portion centrale ...... 12,843 53 (a)				somme égale													
Aux bataillons actifs ...... 11,069 60 (a)																	

INDICATION SOMMAIRE	DISTINCTION DES DÉPENSES — SOLDE ET MASSES: Solde et accessoires de solde	Masses: Individuelle	Générale d'entretien: 1re portion	2e portion	d'entretien du harnachement	FONDS SPÉCIAUX: Habillement	Harnachement	Entretien des armes	Entretien des écoles régimentaires	Infirmerie régimentaire et frais du culte	FONDS divers	Versements de fonds d'une portion de corps à l'autre
Report des excédants	»	»	»	5,836 19	»	18,383 11	»	3,439 97	1,116 88	69 60	»	»
Effectives	157,408 22	33,713 13	1,359 54	1,102 62	31 70	5,513 44	»	1,201 46	500 07	16 45	1,884 55	3,987 96
Par virements	3,698 75	189 21	»	249 50	»	»	»	»	13 32	»	38,025 »	»
Totaux	161,106 97	33,902 34	1,359 54	7,348 31	31 70	23,896 55	»	4,638 43	4,099 27	86 05	39,909 55	3,987 96
Report des dépenses	......	......	......	......	......	......	......	......	......	......	......	......
Excédants des rec.	......	......	......	......	......	......	......	......	......	......	......	......
Excédants des dép.	......	......	......	......	......	......	......	......	......	......	......	......

SITUATION DES FONDS
DE LA PORTION CENTRALE AU 29 JUIN 1874

Excédant de recette constaté à la récapitulation comparative ci-dessus	12,843 53
Recettes inscrites au titre du 2e trimestre 1874	54,049 02
Total	66,892 55
Dépenses ...... idem	55,584 45
Avoir en caisse (égal au résultat de la balance faite au journal le 29 juin 1874) — En numéraire 6,368 10; En récépissé de dépôt au trésor 5,000 »	11,368 10

(a) Preuve de ces chiffres	Portion centrale	Bataillons actifs
Excédant de recette d'après la centralisation du 4e trimestre 1873	8,068 13	43,761 59
Recettes effectives du 1er trimestre 1874	72,919 69	129,743 12
Total	81,087 82	144,501 71
Dépenses effectives du 1er trimestre 1874	68,761 29	133,135 02
Excédant de recettes du 1er trimestre 1874	12,843 53	11,069 60

NOTES EXPLICATIVES

SOLDE

Voir, au titre V, chapitre II, les formules de l'explication ;
Voir, en outre, les *notes explicatives* du tableau des balances (page 37).

MASSE INDIVIDUELLE

Les chiffres ci-contre sont fournis par les annexes 4 et 6. — Voir, pour les cas compliqués (débets non remboursés, différences entre les sommes portées aux feuilles de décompte et les inscriptions du registre de centralisation), les formules de l'explication indiquées au chapitre III du titre V.

HABILLEMENT

La somme de 5,513 44 représente exclusivement les dépenses du 1er semestre 1874, celles afférentes à l'exercice 1873 ayant été remboursées intégralement (recette n° 78).

ENTRETIEN DES ARMES

La valeur des pièces d'armes, d'après la dernière centralisation, était de (voir page 35)	2,332 47
Il en a été reçu pour 322 41 (dépense n° 5 de la portion centrale) ci	322 41
Total	2,655 88
Le chef armurier en a remboursé pour 188 14 (recette n° 38 des bataillons actifs), ci	188 14
Reste égal au résultat du chapitre 7 du registre des consommations de l'habillement, porté ci-contre à l'explication	2,467 74
La créance du corps sur l'État afférente à 1873, n'ayant pas été remboursée, continue à figurer à l'explication	10,998 »
Celle concernant les dépenses du 1er trimestre 1874 accusée ci-contre et s'élevant à 879 05 résulte des dépenses n° 9 (dépôt) 32 et 60 (bataillons actifs) 8 40 + 101 92 + 768 37 = ci	879 05

ENTRETIEN DES ÉCOLES RÉGIMENTAIRES

Les créances que représente l'excédant de dépense ci-contre concernent exclusivement le 1er trimestre 1874, celles afférentes à l'exercice 1873 ayant été remboursées intégralement (recettes nos 61, 74 et 77).

INFIRMERIE RÉGIMENTAIRE ET DÉPENSES DU CULTE

Même observation que pour les écoles. Le remboursement des créances afférent à 1873 a eu lieu par la recette n° 107.

FONDS DIVERS

L'excédant de recette de 1,154 13 est égal au résultat de la balance générale faite au Carnet des fonds divers.

Il est de la plus haute importance, avant de clore définitivement la centralisation du 4e trimestre de chaque exercice, de comparer les excédants devant ressortir aux fonds spéciaux avec les résultats des comptes de gestion. Cette précaution fait, en effet, apparaître les différences pouvant résulter d'erreurs de classification ou autres, et permet de les redresser en temps utile, soit par des virements, soit par des recettes ou des dépenses, soit, enfin, par la production de comptes de gestion supplémentaires.

Il est non moins essentiel, lorsqu'une ordonnance ou un mandat de remboursement parvient au corps, de s'assurer que l'excédant de dépense, devant exister après encaissement, représente des créances dont le corps est en mesure de justifier.

EXPLICATIONS SUR LES EXCÉDANTS

SOLDE ET ACCESSOIRES DE SOLDE	L'excédant des dépenses sur les recettes est égal à la somme qui revient au corps d'après le décompte de libération	3,012 52
MASSE INDIVIDUELLE	Avoir net de la masse au 1er avril 1874, d'après les feuilles de décompte du 1er trimestre	79,050 95
	A ajouter le montant de la valeur des effets de petit équipement restant à payer aux fournisseurs à la même date	3,380 »
	Total	82,430 95
	A déduire la valeur des effets de petit équipement en magasin à la même date	42,501 46
	Reste égal à l'excédant de recette	39,935 49
HABILLEMENT	Dépense dont le montant est à ordonnancer au profit du corps, exercice 1874	5,513 44
ENTRETIEN DES ARMES	Prix des pièces d'armes en magasin au 1er avril 1874	2,467 74
	Dépense dont le montant est à ordonnancer par le Ministre au profit du corps: Exercice 1873 ...... 1,099 50; — 1874 ...... 879 05	1,978 55
	Somme égale à l'excédant de dépense	4,446 29
ÉCOLES RÉGIMENTAIRES	2e Dépenses du tir	238 10
	4e — des écoles de tambours et clairons	27 80
	6e — des écoles régimentaires du 1er et du 2e degré	200 60
	7e — de l'escrime	115 89
	Total égal à l'excédant de dépense	582 39
INFIRMERIE RÉGIMENTAIRE et frais de culte	1° Infirmerie régimentaire, dépense dont le total est à ordonnancer au profit du corps	16 45
	2° Dépenses du culte	»
	Total égal à l'excédant de dépense	16 45

FONDS DIVERS		Excédants de recettes	Excédants de dépenses
Chapitre 2	Avances en route	13 »	»
— 3	Boutons d'uniforme	»	665 50
— 4	Pièces de coiffure	»	211 80
— 9	Bonis d'ordinaire	1,028 59	»
10	Cautionnement des fournisseurs	990 »	»
		2,031 59	877 30
	Excédant de recette	1,154 13	1,154 13

RÉSUMÉ

La centralisation proprement dite est un travail tout mathématique, comportant sa preuve en lui-même. Aucune erreur n'y saurait donc exister.

Le but à poursuivre est de déterminer d'une manière précise la situation de chaque fonds, c'est-à-dire la part pour laquelle il entre (*excédant de recette* ou *de dépense*) dans la situation générale du corps, et de fournir sur les excédants des explications qui en soient la véritable expression.

Il importe à la clarté et à la simplification des écritures, aussi bien qu'à l'intérêt du corps et du Trésor, qu'avant d'arrêter la centralisation, les différents fonds comportant une liquidation aient été le plus possible dégagés de tous reliquats par des recettes ou des dépenses, de manière à réduire les explications aux causes normales des excédants ; savoir :

Pour la Solde, au trop ou moins-perçu accusé par le décompte de libération ;

Pour la Masse individuelle, à la différence entre l'avoir net et la valeur des effets de petit équipement en magasin ;

Pour les Fonds spéciaux, aux créances du corps sur l'État.

Or il est matériellemont impossible que le résultat désiré ne soit pas obtenu, si les opérations do la centralisation ont été conduites d'après les indications qui précèdent, et que nous allons essayer de résumer.

La solde et la masse individuelle sont les seuls fonds dont la régularisation puisse offrir quelques difficultés. Pour les autres fonds, il ne s'agit guère, en réalité, que d'une simple balance des recettes et des dépenses.

Voici à peu près l'ordre dans lequel doivent se succéder les opérations :

L'inscription des recettes et des dépenses ayant été tenue à jour, procéder, aussitôt que les feuilles de journées ont été vérifiées par le sous-intendant militaire, au règlement des dépenses de la solde par l'établissement des états comparatifs.

En ce qui concerne le traitement des officiers, le trésorier doit ouvrir, au commencement du trimestre, une minute d'état comparatif sur laquelle les payements faits aux officiers sont enregistrés au fur et à mesure de l'inscription au registre-journal des feuilles d'émargement.

Cet état pcut être établi dans la forme suivante :

NOMS DES OFFICIERS	GRADES	MONTANT DES FEUILLES D'ÉMARGEMENT					ALLOCATIONS					MOINS PAYÉ	TROP PAYÉ
								INDEMNITÉS					
		1r mois	2e mois	3e mois		TOTAL	Solde	de logement	de frais de bureau		TOTAL		
TOTAUX													
		Moins ou trop-payé pour l'ensemble du corps											

Dès que le résultat de la vérification des feuilles de journées par le sous-intendant militaire est parvenu au corps, les colonnes de l'état comparatif ouvertes aux allocations sont remplies, totalisées et comparées aux payements, tant individuellement que pour l'ensemble du corps ; les trop-payés et moins-payés sont balancés.

Un extrait de cet état, comprenant seulement les débiteurs et les créanciers, est ensuite établi dans la forme du modèle n° 48 de l'ordonnance du 10 mai 1844 (état comparatif des officiers), pour être mis à l'appui du registre-journal.

En ce qui concerne les états comparatifs concernant la troupe, ils peuvent être facilement tenus à jour quant aux payements; et, d'ailleurs, leur contexture, de même que celle du bordereau qui les résume, est tellement simple qu'il paraît inutile de s'y arrêter.

Les états comparatifs sont ensuite vérifiés au moyen d'un relevé conforme à l'annexe n° 3, et le résultat final est porté, suivant le cas, en recette ou en dépense.

On croit devoir, à cette occasion, signaler l'utilité qu'il y a pour le trésorier de ne soumettre les feuilles de journées à la vérification du sous-intendant militaire qu'après en avoir comparé les décomptes avec les pièces de dépense et les ampliations des états de solde des parties prenantes isolées. Cette comparaison permet, en effet, de relever les erreurs qui auraient pu se glisser dans les feuilles de journées, par suite d'inexactitudes dans les mutations, d'omissions, etc.

Dès que la revue de liquidation a été arrêtée, passer écriture des recettes ou dépenses que peuvent comporter les augmentations de crédit ou les imputations détaillées au décompte de libération (voir titre III, chapitre III, section V), et établir le tableau des parties prenantes isolées. Collationner ensuite, avec le plus grand soin, les déclarations de quittance inscrites au débit de la revue avec les recettes, tant celles figurant au registre de centralisation pour la portion centrale, les détachements et les parties prenantes isolées, que celles inscrites dans les extraits de journal des portions détachées.

Comparer les recettes inscrites aux fonds divers pour l'ensemble du corps, à titre de viande fraîche, avec les imputations portées à ce titre au décompte de libération, et faire les recettes complémentaires ou les restitutions reconnues nécessaires.

Le relevé général des feuilles de décompte ayant été établi à la clôture des feuilles de journées, selon les prescriptions de l'art. 187 de l'ordonnance du 10 mai 1844, procéder au dépouillement des recettes et des dépenses de la masse individuelle (annexe n° 5). Vérifier à fond le premier de ces documents avec le second, la revue et le chapitre 6 du registre des recettes et consommations de l'habillement. Se reporter, à ce sujet, aux notes explicatives de l'annexe n° 4.

Procéder ensuite à l'établissement des balances et, à cet effet ;

Ajouter aux Recettes pour solde et masses de l'ensemble du corps les imputations détaillées au décompte de libération qui n'ont pas donné lieu à des recettes *à la solde;*

Déduire des Recettes celles qui sont étrangères aux ordonnancements ou imputations figurant dans ce décompte (1);

Déduire des Dépenses de la solde les *recettes* pour trop-payés du *trimestre courant* et les *dépenses* étrangères aux crédits, telles que celles concernant des moins-payés des *trimestres antérieurs.*

Les opérations ayant été conduites comme il vient d'être dit, il n'y a pas à se préoccuper du résultat des balances, qui est assuré.

Tous les virements ordinaires, sauf ceux nécessités par les sorties du registre des consommations de l'habillement (effets distribués aux enfants de troupe au-dessous de l'âge de quatorze ans et aux

(1) Les indications nécessaires pour cette déduction sont fournies par l'annexe n° 5, en ce qui concerne la masse individuelle. Pour les autres fonds, qui ne comportent qu'un nombre beaucoup plus restreint de recettes intérieures, il suffira d'un rapide examen du registre de centralisation pour en connaître le montant.

élèves tambours), sont notés au fur et à mesure que la vérification du relevé général des feuilles de décompte (avoir et débet des hommes morts, etc.), et l'établissement des balances (viande fraîche, trop et moins-perçus des masses) les font apparaître. Le tableau des virements se trouve ainsi établi d'avance.

Procéder à l'établissement de la récapitulation comparative. L'exactitude de cette partie de la Centralisation est la conséquence de celle des balances, et les explications sur les excédants de la solde et de la masse individuelle se déduisent tout naturellement.

En ce qui concerne les fonds spéciaux, la vérification s'opère en ajoutant à l'excédant du dernier trimestre les dépenses figurant dans la centralisation en cours qui font titre contre le Trésor, et en déduisant les recettes qui peuvent avoir été inscrites au même titre. La balance doit forcément donner un chiffre égal à celui de l'excédant à expliquer. Pour le fonds de l'entretien des armes, voir, en outre, si les recettes et les dépenses concernant les pièces d'armes sont en concordance avec les inscriptions correspondantes du chapitre 7 du registre des recettes et consommations du service de l'habillement.

Il est important, chaque fois qu'un extrait d'ordonnance ou un mandat de payement destiné à éteindre ou à atténuer une créance de quelque nature qu'elle soit parvient au corps, que le trésorier s'assure qu'il ne reste plus rien dû à ce titre, ou que le corps possède les pièces de dépense nécessaires pour obtenir le remboursement de la différence.

Il importe, en outre, lors de l'établissement de la dernière centralisation de chaque exercice, de comparer les explications des fonds spéciaux avec les résultats des comptes de gestion, l'omission de ce rapprochement étant une cause fréquente d'erreurs.

Les différents chapitres du Carnet des fonds divers, dont la balance générale fournit les explications de l'excédant ressortant à ce titre dans la centralisation, doivent être l'objet d'un examen particulier.

On ne doit jamais comprendre, dans un même chapitre du Carnet des fonds divers, des recettes ou des dépenses de natures différentes, ni perdre de vue qu'aucun excédant de recette ou de dépense d'un fonds quelconque ne peut être passé aux fonds divers qu'autant qu'on est en mesure de déterminer exactement la part revenant ou incombant aux ayants cause. Il faut, en un mot, qu'on puisse toujours entrevoir d'une manière certaine la balance de chaque chapitre à un moment donné.

L'expérience démontre qu'on ne doit jamais prendre que sur le registre des recettes et consommations de l'habillement lui-même (chapitres 6, 7 et 8), les chiffres portés aux explications sur les excédants comme représentant la valeur d'effets en magasin.

APPENDICE

Sur le mode de calcul usité pour le décompte de la solde des officiers

---

Le traitement des officiers est fixé par année, et généralement en sommes rondes de 100 francs. Il en résulte que le décompte par jour produit presque toujours une fraction périodique.

Pour obtenir le produit d'un nombre quelconque de journées, on emploie, soit la règle des proportions, soit la réduction à l'unité.

S'il s'agit, par exemple, de calculer le produit de 232 journées d'un traitement annuel de 3,000 fr., soit 8 fr. 33,3.... par jour, on procède comme il suit :

1er *mode*, par les proportions : 360 : 3,000 :: 232 : x. On trouve que x = 1,933 fr. 33,3....

2me *mode*, par l'unité. On multiplie d'abord 8 fr. 33 (*en négligeant la période au delà des centimes*) par 232, ce qui donne........ 1,932 fr. 56
puis on multiplie la période 3 par 232, et le produit, 696 divisé par 9, fournit la somme à ajouter au produit de la première multiplication, soit........ 77,3

Total égal au résultat obtenu par le premier mode........ 1,933 fr. 33,3

On voit qu'au moins, comme résultat, cette méthode est irréprochable.

Mais qu'est-ce qui la légitime ?

C'est ce que nous allons essayer de démontrer.

La règle de la conversion des fractions décimales en fractions ordinaires conduit à ce résultat : que toute fraction décimale périodique équivaut à une fraction ordinaire, dont le numérateur est la période elle-même, et le dénominateur un nombre composé d'autant de 9 que la période comprend de chiffres ; d'où cette conséquence que la fraction périodique 0,999.... $= \frac{9}{9} = 1$, ce que l'on exprime en mathématique en disant que la fraction périodique 0,999.... a l'unité pour limite.

Sans recourir à la démonstration scientifique de cette proposition, nous nous contenterons de la preuve suivante :

Si l'on multiplie par 10 la fraction périodique 0,999.... on obtient........ 9,999....
En en déduisant la fraction........ 0,999....

Le reste, soit 9 fois la fraction, est de........ 9 »

Si 9 fois la fraction équivalent à 9 unités, il en résulte évidemment que la fraction vaut elle-même une unité.

Prenons maintenant la fraction périodique 0,333....que nous énoncerons simplement, pour plus de clarté, par sa période 3.

Cette fraction multipliée par 3 produit la fraction périodique 9, soit une unité ;

Multipliée par 4, elle produirait la fraction périodique 12 (12 dixièmes, 12 centièmes, 12 millièmes, etc., *en admettant que l'on pût l'exprimer ainsi*), soit 1 unité + la fraction périodique 3,

Et multipliée par 232, elle produirait la fraction périodique 696 (696 dixièmes, 696 centièmes, 696 millièmes, etc.).

Or, autant de fois la fraction périodique 9 sera contenue dans la fraction périodique 696, autant on aura d'unités de l'ordre immédiatement supérieur. On trouve qu'elle y est contenue 77 fois + la fraction périodique 3, et, comme dans l'exemple ci-dessus, on a opéré sur le chiffre des millièmes, les 77 unités obtenues, étant de l'ordre immédiatement supérieur, représentent bien des centièmes : c'est donc à bon droit qu'elles ont été additionnées avec les centimes.

Ainsi se trouve justifié le mode précité, consistant à ajouter au résultat de la première multiplication le produit de la deuxième divisé par 9, et c'est précisément ce que nous avions entrepris de démontrer.

FIN.

MONTPELLIER, IMPRIMERIE CENTRALE DU MIDI. — RICATEAU, HAMELIN ET Cie.

www.ingramcontent.com/pod-product-compliance
Lightning Source LLC
Chambersburg PA
CBHW050536210326
41520CB00012B/2605